丛书主编

王大明　　刘兵　　李斌

编委会成员

（按姓氏音序排列）

陈印政　　柯遵科　　李斌

李思琪　　刘兵　　　曲德腾

孙丽伟　　王大明　　吴培熠

杨可鑫　　杨枭　　　张前进

虚空中的孤独旅者

欧美数学名人 IV

王大明 编

中原出版传媒集团
中原传媒股份公司

大象出版社
·郑州·

图书在版编目(CIP)数据

虚空中的孤独旅者：欧美数学名人. Ⅳ/王大明编. — 郑州：大象出版社, 2021. 6
(中外科学家传记丛书/王大明，刘兵，李斌主编)
ISBN 978-7-5711-0868-7

Ⅰ. ①虚… Ⅱ. ①王… Ⅲ. ①数学家-列传-西方国家-现代 Ⅳ. ①K816. 11

中国版本图书馆 CIP 数据核字(2020)第 248742 号

中外科学家传记丛书

虚空中的孤独旅者 欧美数学名人Ⅳ

XUKONG ZHONG DE GUDU LÜZHE　OUMEI SHUXUE MINGREN Ⅳ

王大明　编

出 版 人	汪林中
项目策划	刘　兵　李光洁
项目统筹	成　艳　陶　慧　王曼青
责任编辑	成　艳
责任校对	万冬辉
装帧设计	王莉娟

出版发行　大象出版社(郑州市郑东新区祥盛街27号　邮政编码450016)
　　　　　　发行科　0371-63863551　总编室　0371-65597936
网　　址　www.daxiang.cn
印　　刷　河南新华印刷集团有限公司
经　　销　各地新华书店经销
开　　本　890 mm×1240 mm　1/32
印　　张　6.75
字　　数　143 千字
版　　次　2021年6月第1版　2021年6月第1次印刷
定　　价　25.00元
若发现印、装质量问题，影响阅读，请与承印厂联系调换。
印厂地址　郑州市经五路12号
邮政编码　450002　　　电话　0371-65957865

总　序

马克思和恩格斯合写于19世纪40年代的《共产党宣言》中，曾有这样一段生动的描述："自然力的征服，机器的采用，化学在工业和农业中的应用，轮船的行驶，铁路的通行，电报的使用，整个整个大陆的开垦，河川的通航，仿佛用法术从地下呼唤出来的大量人口——过去哪一个世纪料想到在社会劳动里蕴藏有这样的生产力呢？"马克思和恩格斯说的那一切，还不过是19世纪的景况。到了21世纪的今天，随着核能、电子、生物、信息、人工智能等各种前人闻所未闻的科学技术的飞速发展，人类社会面貌进一步发生了翻天覆地的甚至马克思那个年代都无法想象的巨变。造成所有这一切改变的最根本原因，毫无疑问，就是科学技术。而几百年来，推动科学技术发展的直接力量，就是一大批科学家和技术专家。

中国是这几百年来世界科学技术革命和现代化的后知后觉者，从16世纪末期最初接触近代自然科学又浅尝辄止，到19世纪中期晚清时代坚船利炮威胁下的西学东渐，再到20世纪初期对"德先生"和"赛先生"的热切呼唤，经过几百年的尝试，特别是近几十年的努力，已逐渐赶上世界发展的潮流，甚至最近还有后来者居上的势头。例如，中国目前不但在经济总量上居于世界第二的地位，而且在科学研究的多个前沿领域也已经名列国际前茅；有些方面，比如科学论文的数量，仅次于美国而居世界第二；最可贵的是，中国已经形成了一支人数众多、质量上乘的科研队伍。

利用科学技术来推动社会经济的发展，中国已经尝到了巨大甜头，科学技术是第一生产力的观点深入人心。从政府到民间，大家普遍关心如何进一步落实科教兴国战略、推动创新促进发展，使中国在科技创新方面更具竞争优势，培养和造就出更多的科技创新人才，使中国在现代化道路上能走得更长远、更健康。

为实现上述目标，一方面需要提高专业科学研究队伍的水平，发扬理性思考、刻苦钻研、求真求实、勇于创新的科学精神；另一方面也需要增强和培育整个社会的公众科学素养，造就学科学、爱科学，支持创新、尊重人才的文化氛围。这套"中外科学家传记丛书"的编辑和出版，就是出于这样的考虑。

通过阅读和学习科学家传记，一是可以更深刻地理解科学家们特别是那些在重大历史转折关头做出了伟大贡献的科学家的科学思想和创新方法，二是可以更鲜活地了解到科学家们的科学精神和品格作风，三是可以从科学家们的各种成长经历中得到启发。

本丛书所收录的 200 多位中外著名科学家（个别其他学者）的传记，全部都来自中国科学院 1979 年创刊的《自然辩证法通讯》杂志。该杂志从创刊伊始就设立了一个科学家人物评传的固定栏目，迄今已逾四十年，先后刊登了 200 多篇古今中外科学家的传记，其中包括文艺复兴时期的欧洲科学家、远渡重洋将最初的西方近代科学知识带到中国的欧洲传教士，当然大部分都是现代科学家，例如数学领域的希尔伯特、哈代、陈省身、吴文俊等，物理学领域的玻尔、普朗克、薛定谔、海森伯、钱三强、束星北、王淦昌等，以及天文学、地学、生物学、计算机科学和若干工程领域的科学家。值得指出的是，这些传记文章的作者，大都是在相关领域学有专长的专家学者。例如：写过多篇数学家传记的胡作玄先生，是中国科学院原系统科学研究所的研究员；写过多篇物理学家传记的戈革先生，是中国石油大学的物理学教授；此外还有北京大学、清华大学、上海交通大学、中国科技大学等多所国内著名大学的教授，以及中国科学院、中国医学科学院和中国科技协会等研究机构的专家。所以，这些传记文章从专业和普及两个角度看，其数量之多、涉及领域之广、内容质量之上乘、可读性之强，在国内的中外科学家群体传记中都可以说是无出其右者。

考虑到读者对象的广泛性，本丛书对原刊物传记文章进行了重新整理编辑，主要集中在如下几个方面：一是在总体设计上，丛书共分 30 册，每册收录 8 个人物传记；二是基本按照学科领域来划分各个分册；三是每分册中的人物大致参考历史顺序或学术地位来编排；四是为照顾阅读的连续性，将原刊物文章中的所有参考资料一律转移到每分册的最后，并增加人名对照表。

当前，中国正处在从制造大国向创造大国转变、急需更多科技创新和科技人才的重要历史时刻，希望本丛书的出版对于实现这个伟大目标有所裨益，也希望对广大青少年和其他读者的学习生活有所帮助。

目　录

001
爱米·诺特　抽象代数学的兴起人

027
亚历山大·格罗滕迪克　虚空中的孤独旅者

047
邹腾　19 世纪数学史家、丹麦数学的先驱者

071
塞缪尔·艾伦伯格　从华沙走向世界的数学家

097
雷科德　英国第一个数学教育家

125
胡列维茨　20 世纪拓扑学的关键人物

149
格里戈里·佩雷尔曼　大象无形的数学奇人

173
沙勒　博学的数学家和天真的收藏家

192
参考资料

197
人名对照表

爱米·诺特

抽象代数学的兴起人

爱米·诺特

(Emmy Noether, 1882—1935)

1964年，在纽约市举办的世界博览会上，各个公司都摆出他们研制的产品争奇斗艳。可是有一家大计算机的制造厂商在展出他们最新式机器的同时，专门开辟了一间展室完完全全献给数学。在"近代数学家"的标题下，回顾了这门古老的科学从古到今的发展历程。在14平方英尺的狭小地带，陈列出大约80位近代数学家的照片和他们的事迹，其中只有一位女性。她看上去既没有漂亮的容貌，也没有学者的风度。谁又能看得出她竟然能和康托尔、希尔伯特、勒贝格、嘉当、哈代、阿达马、维纳、冯·诺伊曼、外尔等20世纪最著名的那些数学大家相与为伍、平起平坐呢？

对于大多数人来说，爱米·诺特似乎是一个陌生的名字。其原因：一是数学本就很抽象，二是在抽象的数学中都堪称更加抽象的抽象代数，离现实世界实在是太远了。普通人绝少能够明白其中的精妙，而作为这抽象之抽象的抽象代数的主要缔造者——爱米·诺特，其名字不为人知也就不难想见了。不像20世纪的物理学家爱因斯坦，虽然他的理论也抽象，但与人们抬头就能望到的星空却有某种神秘的联系，从而给了人们无限的想象空间而使人神往，最后人们反而记住了他的名字。女性数学家爱米·诺特在社会大众中虽然默默无闻，却不影响她在数学界中的赫赫地位。本文将对这位数学家的工作和生活做个简要的评述和勾勒。

一、成长：一个女人为获取博士学位和讲课资格的奋斗

作为一个女性数学家，爱米·诺特的工作和生活环境，即使不是最艰难曲折，也决不能说是非常顺利的。但她在这种环境中仍然脱颖而出，成就了不世之功。

她出生在一个犹太后裔的家庭，可以想象这种出身在 20 世纪 30 年代是逃不脱纳粹掌权后的洗劫的。尽管她的种族和性别并不利于她的成长，但她也有一个优裕条件——她的父亲麦克斯·诺特是个数学教授，这对她成为数学家可能是一个关键。麦克斯·诺特于 1844 年生于德国曼海姆，他从 1875 年起在埃尔兰根大学任教授，是位代数几何学专家。爱米·诺特的抽象代数学的具体背景，有些就来自代数几何，这与她的父亲肯定有某种联系。而埃尔兰根大学另外一位教授是戈尔丹，他 1874 年来到埃尔兰根，与麦克斯·诺特成为同事，并且使两家人成为至好的朋友。戈尔丹是有名的"不变式之王"，爱米·诺特最早的工作就是跟着戈尔丹做关于不变式的研究。

爱米·诺特 1882 年 3 月 23 日生于埃尔兰根，她在埃尔兰根市立高级女子学校读了三年，就算到了头。那些为培养女孩子的教育——宗教课、钢琴、跳舞，她都不感兴趣，只对学语言还喜欢。因此，这位从小高度近视、长相平常的女孩子的智力活动只能向语言方面发展。中学毕业后，她参加了争取当法语和英语教师的考试，顺利地通过考试，取得了当语言教师的资格。这是 1900 年 4 月

的事情。

不过，到了 1900 年的秋天，她改变了主意，不想就这样过一辈子，数学对于她太有吸引力了，她决定到父亲所在的大学里去听课。虽说她父亲是埃尔兰根大学的教授，但是大学不允许女生注册，她可以交费听课，在这几百名学生里只有两名女学生。只有在极其罕见的情形下，可以征得主讲教授的同意，参加考试而取得文凭。1903 年 7 月她通过大学考试。同年冬天，她到哥廷根大学听课，大卫·希尔伯特、菲利克斯·克莱因、赫尔曼·闵可夫斯基等人的课，使她受到了极大的鼓舞。不过她只上了一学期，因为这时女生已享有同男生一样的注册、考试资格了。1904 年 10 月，爱米·诺特正式注册进入埃尔兰根大学学习，专攻数学。1907 年年底，她通过博士考试。

她的学位论文题目是"n 元形式的不变式理论"，指导教师就是戈尔丹。这篇论文充满了戈尔丹式的公式，满篇都是符号演算，而且最后给出一张完整的表格，列出三元四次型共变式的完全组，共有 331 个。这真是件令人看了惊叹不已的工程！而更令人惊异的是，未来抽象代数学的缔造者最初却是按部就班地构造出她的所有结果来的。

她对戈尔丹的依赖并没有延续多久，1910 年戈尔丹退休，1912 年去世，接替他的是恩斯特·费歇尔。在费歇尔的指引下，她实现了从戈尔丹的公式化到希尔伯特研究方式的转变。从这时一直到 1919 年，她的工作主要是不变式论，而这也正是她后来抽象理想理论的实际背景。

1915年，哥廷根学派的主将菲利克斯·克莱因和大卫·希尔伯特邀请她去哥廷根。他们当时都热衷于相对论，而爱米·诺特的不变式论的功夫显然对于他们的研究很有用。不久，她就离开了故乡埃尔兰根，正式在哥廷根定居、工作。到了哥廷根之后，希尔伯特等人帮她申请在大学教书的授课资格。但是那些哥廷根大学哲学系中的语言学家和历史学家却极力反对，他们的理由就是她是女人。希尔伯特直截了当地说出了那句势将流传千古的话语：

先生们，我不明白为什么候选人的性别是阻止她取得讲师资格的理由。归根结底，这里毕竟是大学而不是洗澡堂。

也许正因此而激怒了他的对手，爱米·诺特的申请没有通过。一直到第一次世界大战之后的魏玛共和国时期，她才算当上讲师。

在克莱因和希尔伯特的相对论研究的思想影响下，爱米·诺特在1918年发表了两篇重要论文。一篇是把黎曼几何学和广义相对论中常用的微分不变式化为代数不变式；另一篇就是所谓诺特定理，这是把不变性同守恒律联系在一起的极重要的思想。

不变式时期以后，她开始走上自己独立创建"抽象代数学"的道路，而这正是以后现代代数学的起点。

二、回顾：从古典代数学到抽象代数学

古典代数学是利用符号代替具体的数字来进行计算的。到了16

世纪，代数的首要问题就是解方程，一般的三次方程和四次方程已有一定的算法去解出来了。其后，代数学家的主要目标就是去解五次乃至更高次的方程。不过，经过了三百年，这个尝试却没有成功。挪威数学家阿贝尔上学时，曾经一度认为自己解五次方程获得成功，后来发现是错误的。然后他开始向另外一个方向试探，证明了一般五次或五次以上代数方程没有根式解，也就是不能通过系数的加、减、乘、除或开方而求出根来。这宣告代数学若沿着老路走下去，结果将是"此路不通"。虽然方程仍然有许多人在研究，但他们研究的是方程的数值解根的分布或者超越函数的一般解，这已经不是代数学的主流了。

代数学主要方向的转换也起源于方程论，阿贝尔文章发表之后不久，伽罗瓦证明了同样的结论。当然，比起结论来，伽罗瓦的方法论意义和影响要大得多。整个代数学由于他创始的群及域的观念而使自身的对象发生了根本的改变。这种远离古典代数学的"异端"，当然不是一下子就被人们所接受，而是经过四五十年，人们才逐渐感到，数学的对象除了"数"与"形"，还有"群"这类的抽象对象。更深入的研究发现，在数学中，群几乎无处不在，而且很早就有，不仅如此，群还是数学统一性的象征，群不仅能使几何学统一在它的旗帜下，说不定整个数学都能用群来统一。此时此刻，"群论"已经堂而皇之成为数学的正统了。

但是，很长时间里，人们只停留于研究具体的群——变换群，也就是由把方程的根互相置换的所有置换所组成的置换群，或者是把图形变到它自身的那些变换所组成的变换群。能不能把各种具体的群的共同特征抽象出来呢？能不能不管群元素的具体特征，而只考虑抽象元素构成的群呢？古典代数学不正是不考虑符号所代表的具体的数，而只考虑满足数的运算规则的抽象符号吗？19世纪已经有了研究方程根的置换的置换群论、研究几何图形变换的变换群或运动群理论、研究结晶体的结构的晶体群理论、研究自守函数的离散变换群理论、研究流形变换的连续变换群（李群）理论等。很自然，在这些具体群论的基础上，自会有人研究抽象群理论。

虽然很早就有人提出抽象群的概念，但是只有到19世纪末，当抽象群可以概括所有具体群的共同性质，而且能够通过抽象方法进行研究取得巨大成就来论证自己独立存在的价值时，抽象群论才应运而生。

有了抽象群的概念之后，可以很自然地把许多具体群论的结果都推广到抽象群论中来，但是更主要的是，要有自己的研究课题。

抽象群的基本问题是群的结构及分类问题。例如求出给定元素数的所有不一样的群。对于元素数目少的群，这问题只需要一个一个去试，去列乘法表即可。当数目增多时，这问题就变得极为复杂。因为一个群里还会有各种子群，子群里又有子群，子子孙孙有时可以无限延伸下去。于是可以把这个问题分成两部分：一是找出比较基本的、简单的群——单群，二是把这些单群组成复杂的群。前者就相当于找出群的原子，后者就相当于由原子组成各种各样的分子。这个问题显然是群论里最根本的问题。特别令人兴奋的是，有限单群的分类问题在一两年前已经完全解决，这是抽象群论的伟大胜利。

抽象代数的另外一个分支是域论。伽罗瓦不仅仅是群论的创始者,也是域论的创始人,只不过他并没有建立抽象域的观念而已。他的域是由 n 个数 a_1, $a_2\cdots a_n$ 经过加、减、乘、除(零不做除数)后所得到的所有数的集合。这种域并不新鲜,有理数全体、实数全体、复数全体就是这种域的好标本。除了这些域,戴德金还引进了代数数域的概念。高斯和库默尔都引进过具体的代数数域,也就是代数方程 $a_0x^n+a_1x^{n-1}+\cdots+a_{n-1}x+a_n=0$ 的根(其中 a_0, $a_1\cdots a_n$ 都是有理数)。而戴德金把它们放在一起来考虑,构成一个代数数域。代数数域非常多,它们有大有小,但都包含最小的无限域——有理数域。代数数域的理论构成现在蓬勃发展的代数数论这个分支,也成为现代抽象代数的主要来源之一。

虽然有了许多具体的域为模型,但是抽象的域理论一直到1910年的施泰尼茨时才开始形成。

三、前进:走出公式的丛林

爱米·诺特的抽象代数学体系就是在这种背景下产生的。第一次世界大战后不久,她的研究方向出现一个急转弯,后来的工作集中于现在所说的"环论"。这时她对自己以前的工作则不屑一顾。有人提到她那工作量惊人的论文时,她轻蔑地回答说:"那些公式的丛林!"她的思想方式完全改变了,现在她完全用自己独创的思想、概念、公理来思考,整天与同构、同态、模、剩余类、理想打交道,不再搞那些一眼望不到边的计算。正是她开辟的这条近世代数的途径，完全改变了代数学的面貌。

荷兰数学家范德瓦尔登说爱米·诺特在这时期工作的主导思想是：

> 数、函数、运算之间的关系，在由它们的特殊对象分离开来并且表述为普遍适用的概念之后就变得更加透彻明朗，可更广泛地应用，产生更加丰富的结果。

第一次世界大战以后她的研究大致可以分成两个阶段，以1925年划界。前一阶段主要是一般理想理论，后一阶段主要是结合代数理论。她和施迈德勒合写的著名文章是前一阶段的起点。这篇文章研究的是微分算子环，比她以后研究的环都更一般，其中首先出现了右理想及左理想的概念。而抽象环论真正的奠基性工作是1921年的文章《整环的理想理论》。

不过，爱米·诺特对于理想理论乃至更一般的模论的兴趣并不是从战后才开始的。从她和埃米尔·弗歇尔的通信及1917年6月在德国数学会的讲演可以看出，她很早就钻研过这方面的所有前人的工作。像美国数学家拉斯克及麦考利等人的工作，长期以来就不为大家所知道，甚至美国数学家都不怎么了解，更不用说德国的数学家了。1917年6月爱米·诺特在德国数学联合会上的报告，就是介绍拉斯克的工作。当然，德国数学家特别是希尔伯特的思想及著作对她更是具有决定性的影响。

爱米·诺特在创立抽象代数理论时，吸收了过去著名数学家的许多思想，用自己的方法加以整理提炼，产生了惊人的结果。她可以说是受戴德金的影响最大。1930年到1932年她同其他人一起编辑出版了戴德金的三卷全集。在戴德金的许多文章末尾，她都加上了自己的评注。她用自己的语言、自己的概念，清晰地解释了经典著作的关键所在及以后的发展。这表明她的抽象化不是天上掉下来的、为抽象而抽象的东西。她说过，她的研究很多"已经在戴德金的著作中就有"，这不仅反映她的谦虚，而且也说明她善于学习、能独立思考和消化前人成果，最后汇成自己的思想体系。

她的抽象代数文章是从理想理论开始的。"理想"这个概念并不是她的发明，而是百年以来代数数论发展的自然结果。代数数论是从整数论中不定方程（也叫丢番图方程）的求解问题来的，特别是费马大定理的研究直接刺激了代数数论的形成以及"理想"概念的产生。在研究费马大定理时，库默尔发现，某些代数数域里的代数整数（即满足整系数代数方程 $a_0 x^n + a_1 x^{n-1} + \cdots + a_{n-1} x + a_n = 0$ 的根）并不能像有理整数那样唯一地分解成素因子之积。库默尔想了一个办法，引进一些理想数，使唯一因子分解定理又可得到恢复。戴德金的"理想"就是从这个理想数的概念中产生出来的。

戴德金看出一个整数同这个整数的所有倍数的集合一一对应，比如在通常整数的集合里 6 与 $\{0, \pm 6, \pm 12, \pm 18, \pm 24, \cdots\}$ 这个 6 的倍数的集合相对应。2 与 $\{0, \pm 2, \pm 4, \pm 6, \pm 8, \cdots\}$ 这个偶数的集合相对应。这个观念不仅可以推广到代数整数上，也可以推广到理想数上面，这样得到的集合他就称之为"理想"了。对于代数整数的集合，戴德金于是就证明理想可以唯一分解成素理想的乘积。

"理想"的另外一个来源是代数几何学。代数几何学研究由代数方程所定义的曲线、曲面等。在某个代数曲线或代数曲面上，如果某个多项式为零，则这个多项式乘任何多项式也等于零。所以在这个代数曲线或代数曲面上等于零的多项式的集合也构成一个"理想"。

整数的集合也好，多项式的集合也好，它们的元素相加、相减、相乘仍然属于这个集合。这种集合称为环。对于这种抽象环，爱米·诺特引进了抽象的理想概念。她通过对具体环的实例考察，抽象出来其共同特征，研究其中最重要一类环，即每个理想都满足升链条件。后来这种环就被称为"诺特环"。

爱米·诺特用这种公理定义的环推广了多项式环的准素分解定理，即任何理想是准素理想的交。她不仅推广了以前的结果，更重要的是在抽象公理方法上取得了首次伟大胜利。因此有些人把1920年看成抽象代数诞生的时刻。其后她证明了希尔伯特的零点定理，也是在一般条件下得到的结果。

交换环论还必须对代数数论的结果做出自己的回答。爱米·诺特在1925年用五条公理来刻画一类包含代数整数环在内的环，她称之为五公理环，后来人们改称为戴德金环。她证明对于这类抽象的环，戴德金证明的理想唯一分解为素理想的乘积的定理也成立。

通过这三个定理的证明，她奠定了交换环论及其应用的基础。在她之后的几十年里，交换环论不仅在理论上获得巨大的发展而成为代数学的一门重要分支，而且在代数几何、代数数论、拓扑学、多复变函数论乃至组合理论上都有了重要的应用。回顾这些发展可看出，正是爱米·诺特的方法给了这门学科以强大的生命力，无怪乎卡普兰斯基说她无愧是抽象代数之母。

四、哥廷根：诺特的"孩子们"

爱米·诺特一辈子没有结婚，她把全部精力献给了她所热爱的数学。她很喜欢与别人进行合作与交流，完全没有私心，总是把自己的思想告诉别人，甚至让别人去发挥并发表。正因为这样，在她的周围聚集了一大批学生，他们形成了哥廷根的一个十分热闹的大家庭。这些二三十岁的年轻人往往被称为"诺特的孩子们"，有男孩子也有女孩子，许多人后来也成了著名的数学家。

爱米·诺特在哥廷根最活跃的时期是 20 世纪 20 年代。第一次世界大战之后，德意志第二帝国被推翻，德国经济萧条，民生凋敝，年轻人关心着"德国到何处去"的问题。从左翼社会民主主义到极右翼的法西斯主义，各种思潮纷至沓来。爱米·诺特没有把自己置身政治之外，她同情左派，参加过社会民主党，因此被某些人攻击为"信仰马克思主义的犹太女人"。

20 世纪 20 年代的魏玛共和国对于这位犹太女人有多大好处呢？少得可怜！1920 年她获得了在大学讲课的资格，也就是说，她可以靠讲课从听课的学生那里收费。1922 年，她升任为所谓编外副教授，但这只是个没有薪水的空头衔。直到 1923 年，在大家的努力争取之下，学校当局才给了她一点点薪水，每月 200—400 马克，而且还得每年经过教育部重新审核批准。一直到 1933 年希特勒上台，她就是靠这点薪水维持着极为简朴的生活。

爱米·诺特在 1920 年年初开始讲课,她的教学才能大概不算太高明,有时讲课内容缺少系统性,不太连贯,没有形成完善的逻辑体系。但是,她经常会把自己独创性的思想讲出来与大家分享,而且充满了非同一般的热情。对于对此感兴趣的学生来说,她的讲课堪称富有启发性,常常能够激发起学生的主动思考。而在课下,她也喜欢与学生们一起讨论,许多创新性结果,就是讨论后由学生们整理完成,最后形成完整的表达。

简朴的生活使她对物质上的享受没有多大的追求。她经常同学生一起散步,热烈讨论问题,有时连下雨也不觉得。有这么一个传说,说她有一把旧伞,已经不太好用了,有人看不过去,建议她去修补修补,她回答说:

> 你说得不错,不过很难办到,因为要是不下雨,我就想不到雨伞,而要是下雨了,我可就需要用伞了。

雨伞这种小事也就算了,对衣食这样的生活大事,她也往往很不讲究。有人开她的玩笑,说她总是在相同的时间、相同的小饭馆里,坐在同一个座位上,吃着同一种粗茶淡饭。她大部分时间都忙于工作而没时间自己烧饭,不过在星期天,有时也会在自己那阁楼的小厨房中烧点饭菜。这种时候,一般是为了招待学生。吃完午饭后,她就跟大家一起出去散步,边走边谈数学,在乡下走很长的路,累了就坐在草地或木头上继续讨论。晚上回来,她又会在厨房里为大家准备布丁，同时还不忘忙中偷闲地讲点代数问题。许多年轻学生就是通过这种"散步教学"吸收了爱米·诺特的科学思想。

实际上，她的个人生活可以说很不幸福。1915年母亲去世后不久，父亲和大弟弟、小弟弟也相继去世，那时候她才30岁出头，想必她的内心是很难过的。但是，她把这些痛苦和其他不愉快当作生活中的磨炼而努力泰然处之。她的弟弟弗里茨那时候早已当上数学教授，而因为是女性，虽有很高的学术水平，她却一直都没能当上教授。她没有因此表现出对工作和生活的沮丧，仍然一如既往地扑在研究和教育事业上，也许这就是她治疗内心痛苦的一种方法吧。

1930年希尔伯特退休，外尔继承了他的教授职位。作为一个杰出的数学家，外尔接班成为继承人肯定是当之无愧的。他到哥廷根之后经常同爱米·诺特一起散步聊天，讨论数学问题。从中他感到爱米·诺特数学造诣很深，也很有思想，甚至他认为许多地方比他还强，或者至少不输于他，但她却连教授都不是，这常使他深感不安。所以他曾多次为她的教职问题去教育部反映和争取，可是基本没有什么用处。在20世纪20年代，外尔和许多数学家也都注意到哥廷根大学数学系中最活跃的就是爱米·诺特和她的学生圈子。相比之下，四位数学正教授加在一起所培养出来的学生却要少得多。

确实，她不是那种大家印象中的怪僻数学家——喜欢独来独往、自己一个人闷着头搞研究。她喜欢同年轻人在一起谈天论地、讨论数学。她教过许多学生,指导过许多学生的博士论文写作。也许正是在同这些年轻人的交往中她焕发出青春的活力,找到了生活的乐趣。她的思想也正是靠这些年轻人发展和传播的。没有他们,抽象代数学的思想就不会那么快地成长并且在整个数学领域中普及开来。而其中范德瓦尔登是最突出的一个。

范德瓦尔登 1903 年 2 月 2 日出生于荷兰。他在阿姆斯特丹大学毕业后,1924 年到达哥廷根。他对代数几何学很有兴趣,并且在此领域进行了研究,尝试给代数几何学建立起更严格的基础。他一见到爱米·诺特就把自己的研究结果给她看。这工作正是她父亲麦克斯·诺特"基本定理"的推广。她告诉范德瓦尔登:"你到现在所得的结果是正确的,不过拉斯克和麦考利已经得到了更为一般的结果。"她还把自己和学生亨采特的文章送给他学习。范德瓦尔登惊喜地发现,爱米·诺特实际上已经给代数几何学基础创造出了强有力的代数工具,而这正是他所需要的。他不久就掌握了爱米·诺特的思想,并依此写出了自己的重要研究论文。爱米·诺特马上推荐发表,根本没有提到在范德瓦尔登到哥廷根之前,她已经在讲课中讲授过同样的思想。这种情况是范德瓦尔登很久之后听一位当时听过她讲课的学生说的。

爱米·诺特把许多代数结果在她的讲课中加以系统的阐述,形成了当时根本没有的抽象代数学体系。在爱米·诺特和阿廷的讲义的基础上,范德瓦尔登整理出《近世代数学》二卷,分别于 1930 年和 1931 年出版。这部书的出版在世界数学界引起了轰动。那时,布尔巴基学派的主要成员丢多涅正在柏林。他在这本书发行那天就立即买来，他说：

> 看到这个在我面前打开的新世界，我简直惊呆了。

他那时早已从巴黎高等师范学校毕业，却不知道什么是"理想"，而且才刚刚知道了什么是群！这本书在后来的几十年中，不仅引导大批数学家进入一个全新的领域，而且从此之后，为代数学的写法建立起了一个类似范德瓦尔登的范式，而和以前的书写方式大不相同。更重要的是，它传播了爱米·诺特的思想，从根本上改变了代数学的整个面貌，因此，这本书的第四版干脆把"近世"两字去掉，堂而皇之称为《代数学》了。

那时候，爱米·诺特对一门新兴的学科——拓扑学也很感兴趣，经常与来自苏联的年轻拓扑学家亚历山大洛夫一起讨论这个学科的很多内容，为这门新兴理论贡献了许多关键性的思想，促进了这一理论的发展。尤其是她把当时的同调不变量总括成分同调群，这对拓扑学的发展具有根本性的意义。因为，正是同调群的出现，才使利用抽象代数工具来研究拓扑学的代数拓扑学正式产生。

在亚历山大洛夫等人的热情邀请下，爱米·诺特在1928年冬天到莫斯科访问讲学。她在莫斯科大学教授了抽象代数课，并主持代数几何学讨论班，很快影响到了一批苏联的年轻人，直接推动了苏联抽象代数学的发展。

借此机会，她还同莫斯科许多数学家建立了联系，特别是庞特里亚金和施密特。庞特里亚金是个盲人,他后来在拓扑群及代数拓扑中做出重大贡献,他工作中的代数风味无疑反映出爱米·诺特对他的影响。施密特是苏联著名地理学家,也是苏联开始进行群论研究的人,他和库洛什在爱米·诺特影响下,开辟了苏联的群论重要方向,成为苏联群论学派的创始人。

她思想进步,对当时苏联的生活与科学工作很有兴趣而引起了一些人的讥讽。她返回哥廷根时,讲苏联这好那好,于是有人就挖苦她说:"爱米·诺特太近视了,以致什么也没有看见!"

20 世纪 20 年代,日本的正田建次郎也是哥廷根的"诺特的孩子们"之一。他很快就掌握了抽象代数,并马上回日本进行普及。而且继范德瓦尔登《近世代数学》之后,正田建次郎用日文写了一本《抽象代数学》,是继范德瓦尔登以后第一本抽象代数的专著。后来日本的末纲恕一在 1928 年到 1929 年也到哥廷根参加了爱米·诺特的圈子。从此,日本数学家或者到德国留学或者在日本进修,迅速产生出一大批有国际声誉的代数学家,像秋月康夫、浅野启三、中山正、车屋五郎、永田雅宜等人,他们直接学习和继承爱米·诺特的思想传统,推动了抽象代数学的发展。

爱米·诺特的"孩子们"当中,还有一位中国的代数学先驱曾炯之先生。曾炯之的博士论文就是在爱米·诺特的直接指导下完成的。他的研究结果中有一个现代文献经常引用的曾炯之定理:

> 对于代数封闭域上单变量代数函数域 F,以 F 为系数的代数方程如无常数项,且次数 d 小于未知数个数 n,则

在 F 中存在一个非零解。

这个定理后来有许多推广。遗憾的是，抗日战争时期，曾炯之在西康去世，没有能够使抽象代数在中国迅速普及。

爱米·诺特更主要的影响是对布尔巴基学派成员的思想启示。在 20 世纪 20 年代，法国数学几乎是清一色的函数论。那些老派的数学家对当时兴起的什么抽象代数、拓扑学、泛函分析等新事物并不感兴趣，导致那时候巴黎高等师范学校的毕业生们大都不懂得什么是环、模、理想，甚至连"群"也所知甚少。年轻人不得不向国外主要是德国的数学家学习。韦伊、狄多涅、谢瓦莱等人先后来到德国，直接跟随爱米·诺特等学习，而这正是他们日后组织起来，用数学结构统一数学的思想基础。他们在第二次世界大战期间还把抽象代数方法应用于代数几何学、代数数论等方面，使得这些学科得到极大的发展。

爱米·诺特在 1928 年给哈塞的一封信里提到，在德国的抽象代数学热火朝天的发展形势之下，只有一位法国学者沙特莱是真正关心这方面的问题、在这方面进行研究的人。其后不久，那些法国的年轻数学家才加入到爱米·诺特的圈子里，呼吸到新鲜的数学空气，在他们的面前打开的正是一个全新的世界。

1929 年谢瓦莱刚刚从巴黎高等师范学校毕业，就到了哥廷根听爱米·诺特的课，他受到极大的启发，很快就写出几篇关于代数数论的论文。从此他同爱米·诺特、哈塞进行频繁的交流，很快就完成了重要的工作——类域论的算术化。韦伊可以说是当代最杰出的数学家了。他在数学几乎所有方面都做出了突出贡献。爱米·诺特的抽象代数方法对他后来的工作影响极大。

埃尔布朗是法国一位了不起的天才数学家。1928 年他从巴黎高等师范学校毕业以后，同谢瓦莱一样，受到爱米·诺特及阿廷的影响，在类域论方面写了十篇论文。不仅如此，他还是头一位搞数学逻辑的法国数学家，他证明了著名的埃尔布朗定理，而且建议哥德尔用一般递归函数的概念，从此开辟了现代数学逻辑的一个巨大分支。1931 年埃尔布朗到德国，周游汉堡、柏林，最后到哥廷根，他的天才成就不止一次引起了德国数学家的赞叹。到了哥廷根以后，他想跟爱米·诺特学习理想理论，那时候他整天同她一起讨论。7 月份他到阿尔卑斯山去爬山，不幸失足坠崖身亡，年仅 23 岁。他的过早去世使法国数学中数理逻辑成为一个显著的缺门，也使布尔巴基学派丧失了一个天才的同伴。听到这个消息，爱米·诺特心情十分沉痛，一两个星期之后，她还说："我心里总是摆脱不掉埃尔布朗。"她把这位年轻人寄给她的信及手稿补充整理用埃尔布朗的名字发表，作为她对这位年轻数学家的纪念，还同韦伊、谢瓦莱一起发表纪念文章。对于这些结识不久的外国年轻人，她不仅是位良师，而且是位慈母。

爱米·诺特的数学研究以及她的"孩子们"给哥廷根带来了别样的光辉，并且对世界上其他国家的数学领域发展产生了巨大影响。这真是哥廷根学派行将没落之前的"回光返照"，它使人想起 20 世纪初希尔伯特时期哥廷根的那个黄金时代：几位年富力强、富有独创性的大师，一批批才华横溢的年轻人，一个不只是德国的，而且是欧洲甚至全世界的数学中心。在20世纪20年代，爱米·诺特在某种程度上将那个黄金时代再现于哥廷根。

五、晚年：流亡美国，客死他乡

说来也怪，爱米·诺特一直到近40岁才进入她创造性的黄金时代，而一般来讲，二三十岁才是数学家创造的顶峰。况且，她是处在那样一个生活极不安定的时代。要是没有她那种乐观主义和献身精神，抽象代数学这朵奇葩不会开得那样早、那样美。

抽象代数学在20世纪20年代初如果还不能说十分普及，到20年代末至30年代初就已经成为代数学的主流了。她的工作受到国内和国际上的广泛重视。1928年希尔伯特率领代表团参加在意大利波隆那举行的第八届国际数学家大会，爱米·诺特被邀请做分组报告。而1932年在瑞士苏黎世举行的第九届国际数学家大会上，她被邀请做了大会报告。直到现在她大概是享有这一崇高国际待遇的唯一的女数学家。

她不仅对自己的学生有莫大影响，而且对许多当时著名数学家的研究工作有着积极的启发。他们多多少少都受到爱米·诺特抽象代数思想方式的影响。例如，阿廷继爱米·诺特之后所研究和建立的降链条件环、越复数系、实域等，成为抽象代数的重要组成部分。哈塞是爱米·诺特后期主要合作者，他的数论工作受到爱米·诺特的启发。爱米·诺特的预见性很强，她看到了各种结构之间的相似性。她告诉哈塞，代数数论中常用的范剩余记号无非就是循环代数。这个预言成为后来发展的转折点。同样，她同后来在抽象代数方面做出巨大贡献的克鲁尔和布劳尔也经常进行交流。据她同时代人的回忆，有一次爱米·诺特回到家乡埃尔兰根，在一次聚会上遇到克鲁尔，他们便热情地交谈起来，好像周围没有人一样。

1925 年她结束交换环论的奠基性工作，又向另一个大领域进军，这个领域是结合代数的理论。虽然结合代数与交换环同属环论，但它们的来源却完全不同，发展道路也不一样。

自从复数在数论、代数、分析上应用取得巨大成功以后，许多人自然考虑能不能有一些更新的数也能进行通常数的运算，并有相应的性质。首先取得成功的是哈密顿。他在找寻能保持实数或复数性质的三维的数失败之后，进而寻找四维的数，即四个分量的数。他发现了四元数 $a+bi+cj+dk$，i、j、k 很像虚数单位 i，只是它们的乘法不再满足乘法交换律了。这一点牺牲换来它能够自由进行加减乘除而成为"数"的资格。哈密顿发现了四元数之后，就立即把四元数应用于数学及物理学。在他的影响下，麦克斯韦也在电磁理论中有意识地运用了四元数，不过，四元数从来不像复数那样发展成一套数学，至于在物理上的应用则在 19 世纪末为向量所取代。

四元数可以说是头一种"超复数"，其后，各种超复数相继出现。1870 年美国数学家老皮尔斯即本杰明·皮尔斯总结了已知的超复数，他称其为"线性结合代数"，这就是结合环理论的前身。爱米·诺特运用自己独特的方法建立了系统的非交换代数理论。她再次显示出她的深刻洞察力，把以前平行发展的几个理论——群表示理论、模理论与理想理论统一成为一个一般的非交换代数理论。

早在1925年，她在德国数学联合会上的报告，已经指出群表示论的核心部分——群特征标理论与理想理论有关系。后来在1927年至1928年度的讲课中，又对这些过去认为互不相同的领域的统一性加以深刻的阐明和推广。结果她把老的表示论从复数域直接推广到一般的域上。而表示论中的分裂域可以用"代数"的语言来刻画。反过来，分裂域与伽罗瓦群的交叉积成为研究代数结构的重要工具。

爱米·诺特在1929年提出一般"交叉积"概念，这推广了以前的循环代数概念。这些概念对于代数数论有着极为重要的影响。爱米·诺特清楚地看到，她所发展的结合代数的理论对于代数数论的重要分支——类域论也是重要的工具。她把类域论建立在结合代数的基础上，同时和哈塞、布劳尔一起证明了长期猜想的"代数主定理"：代数数域上任何中心单代数都是循环代数。这是抽象代数方法的一个伟大胜利。

由于有了明确的表述，她用交叉积代替循环代数就可以把某些类域论的定理，如主类定理推广到非阿贝尔扩张上面。一直到现在，这种所谓非阿贝尔类域论的结果还是不多的。

她的这些成就使得极为保守的数学家也不能不为之叹服。1932年她在国际数学家大会上做大会报告时，许多在数论及代数领域工作多年的专家、学者对爱米·诺特以其独特的抽象方法一举漂亮地解决许多他们用计算的老方法长期攻不动的问题都深感惊异。由于她在代数和数论上的卓越成就，她和阿廷在1932年获得了阿克曼·托伊布纳奖。这些直到她50岁才姗姗来迟的荣誉，说明新生事物是不可战胜的，国际数学界最终还是承认了爱米·诺特的伟大贡献。这位外表像"洗衣妇"的女性开拓了数学的新领域，指明了后来数学发展的新方向。前后有十几位天才年轻人跟随她做博士论文，还有更多的学子向她学习，传播了她的思想。

1933 年 1 月，希特勒在德国上台，纳粹分子在各个领域夺权，实行全面法西斯专政。随着纳粹政权关于解除犹太人公职法令的公布，当年 4 月份，爱米·诺特被剥夺了授课的权利和微薄的薪水。哥廷根大学科学界很多代表人物，如数学家爱米·诺特、库朗，物理学家玻恩、弗兰克等，都被赶走了。爱米·诺特肯定是非常留恋哥廷根这个工作、生活了将近二十年的地方，她的朋友、她的"孩子们"都在这里，可是面对残暴的纳粹匪徒，也没有其他办法了。

大西洋彼岸伸出了救援之手。一位曾在哥廷根留过学的美国女数学家安娜·惠勒为爱米·诺特在自己主管的布兰·毛恩女子学院找到了一份工作。这真是一个极为难得的机会。要知道那时在美国也是难得找到合适的工作，许多杰出的美国数学家都在中学任教，像韦伊那样了不起的数学家在美国也只能靠教三角学和保险数学养家糊口。所以，惠勒为爱米·诺特安排的职位已经非常不错了，教学任务不重，可以主持自己的讨论班并指导研究生。

即使这样，初到美国的爱米·诺特仍然觉得落寞，于是她常常到普林斯顿新成立的高等数学研究院去访问，同流落到那里的老同事外尔，以及冯·诺伊曼等一流数学家进行学术交流，也与爱因斯坦等德国同胞有过交往，这些活动大概能使她略感离别故土的慰藉吧。有时候，她会以为普林斯顿高等数学研究院能成为第二个哥廷根，不过，她还是深切怀念在哥廷根的岁月，并一直同哈塞保持着联系。哈塞作为相当棒的数学家，在当时还不像个狂热的纳粹分子，所以爱米·诺特还对哈塞抱有一定的幻想，认为他也许能够恢复哥廷根当年的光荣，这其实不过是一厢情愿罢了。1934 年夏天，她又回到德国，到各地看望老朋友，谁知这次见面竟成永诀。1934 年秋天，她离开欧洲返回美国。之后还指导了最后一个学生的博士论文，领着几个女博士生一起搞研究。不久之后的 1935 年 4 月份，她动了一次手术，结果得了并发症，不到一星期就与世长辞，享年只有 53 岁，可谓英年早逝。

算起来，她在美国只待了一年半时间就辞世而去、客死他乡。这当然与纳粹的迫害使她别离故土、流落他乡密不可分。另外，与她的人生命运不那么走运也不无干系。在她不幸离世后，很多人都怀着沉痛的心情悼念她，其中有她的数学家同行，也有她的学生。一些学生，如后来成为著名数学大师的范德瓦尔登，在多年之后还会充满感情地回忆起她对学生的种种关怀与培养。

在美国，爱因斯坦为她写了讣文，外尔发表纪念演讲。苏联人倒也没有忘掉她的好处，数学家亚历山大洛夫还发表了纪念演说。只有德国仿佛一潭死水，对她的离世几乎没什么反应。唯一的纪念文章是她的荷兰学生范德瓦尔登写的。而她不久前曾寄托很大希望的哈塞，在 1934 年成为哥廷根数学教授之后很快就向纳粹靠拢，1937 年加入了纳粹党，成为可耻的纳粹分子。当然，私下里许多德国著名数学家仍然会称赞和怀念爱米·诺特，只是在纳粹的淫威之下，不公开表示出来而已。

将近半个世纪后的 1982 年，即爱米·诺特百年诞辰时，世界各地都举行了一些纪念活动。许多数学家和研究者介绍和评价了爱米·诺特的生平、著作及其对后来数学的影响。最有意义的是，雅各布森编辑的《爱米·诺特全集》也出版了。她的著作全集篇幅并不大，但其中的文章大都已经成为经典，许多结果也早已写进教科书，成为现代代数学的重要基础和出发点。

爱米·诺特所开创的抽象代数学已经成为代数学无可争辩的"代名词"，"非抽象的"代数学不能说没有，不过确实只是代数学的支流旁系而已。爱米·诺特的抽象思想方法不仅决定了其后代数学的发展，也促使整个数学"代数化"。在这方面首先是布尔巴基学派的兴起，他们继承了希尔伯特和爱米·诺特等人的思想遗产和研究倾向，以数学结构的观念统一数学，同时他们对数学本身许多学科做出了极大的实质性贡献。布尔巴基学派成员在代数数论、代数几何、拓扑学、李群、代数群、泛函分析、微分几何等领域都有卓越的贡献，这些都同他们吸收前人特别是爱米·诺特的思想方法有密切关系。爱米·诺特不愧是 20 世纪最杰出的女数学家，也是最杰出的数学大师和一代巨匠。

（作者：胡作玄）

亚历山大·格罗滕迪克

虚空中的孤独旅者

亚历山大·格罗滕迪克
(A. Grothendieck, 1928—2014)

1966年，国际数学家大会在苏联莫斯科举行。大会将四年一届的菲尔兹奖章颁发给法国数学家亚历山大·格罗滕迪克，以表彰他在泛函分析和代数几何领域中的突出贡献。菲尔兹奖被誉为数学界的诺贝尔奖，堪称至高无上的荣誉，然而格罗滕迪克却做出了惊世骇俗的选择，他拒绝前往莫斯科领奖。这位数学家究竟是怎样一位人物呢？

回首往昔，20世纪的数学江湖群星璀璨、名家辈出，但格罗滕迪克在其中却依然是首屈一指的。他凭借博大精深的数学成就、跌宕多姿的人生经历以及诗人般的个性与激情，在数学史上树立起一座永恒的丰碑。2014年11月13日，这位天马行空的一代大师在法国阿列日省的圣吉龙医院与世长辞，享年86岁。回顾格罗滕迪克的一生，不但有助于揭示这位卓越科学家鲜为人知的内心世界，也将引导我们重新审视科学与社会的基本关系。

一、颠沛流离的青少年时代

亚历山大·格罗滕迪克1928年出生于德国柏林，其父亲亚历山大·夏皮罗是俄裔犹太人，也是一个持有无政府主义思想的政治活动家。据记载，夏皮罗在政治上非常活跃，参与了很多欧洲革命运动。尤其在20世纪30年代的德国，尽管身处反犹势力迅速蔓延的恶劣环境中，夏皮罗以一名街头摄影师的身份组织了多起抗议纳粹的左翼运动。格罗滕迪克的母亲汉卡·格罗滕迪克也是一位具有左倾进步思想的女性，她热衷写作，断断续续做过新闻记者。小格罗滕迪克正是出生在这样一个革命氛围浓厚、生活动荡不安的家庭中，和父母在一起仅仅度过了五年的短暂时光。从目前掌握的资料来看，格罗滕迪克一家在这段时期的生活细节仍然鲜为人知。在格罗滕迪克后期的追述中，父母的形象似乎是碎片化、模糊不清的，其中却不乏温暖人心的回忆。更重要的是，父母傲世独立、通过行动去改变世界的人生哲学也对格罗滕迪克产生了深刻影响，使得他在追求事业的同时一直没有忘却自己的社会责任。

随着希特勒纳粹势力的上台，大批犹太人遭受迫害开始逃离德国。格罗滕迪克的父母也在1933年逃亡至法国，将年幼的儿子放在汉堡的一个家庭中寄养，之后又跑到西班牙参与了内战，直到五年以后一家人才在法国再次相聚。第二次世界大战爆发，法国形势也随之迅速恶化，悲惨的事件接踵而至。格罗滕迪克的父亲被法国当局逮捕并转交给纳粹占领者，并于1942年在奥斯维辛集中营被杀害。剩下的母子俩则成为"不受欢迎的外国危险分子"，被送到法国南部的一个集中营监管起来。一段时间后母子俩又被迫分开，从此过着颠沛流离、朝不保夕的生活。在这段艰难的岁月里，格罗滕迪克断断续续完成了他的中学教育，直到第二次世界大战结束，他和母亲才在法国的蒙彼利埃定居下来，过上了相对安定的生活。格罗滕迪克在当地的蒙彼利埃大学攻读学士课程，母子二人靠学校提供的奖学金和打零工勉强度日，生活虽然拮据，但是和战争年代相比已经改善了很多。也正是在这段时期，格罗滕迪克开启了他的数学研究生涯。

众所周知，犹太民族尽管人口不多，却是一个具有深厚教育和历史传统的伟大民族，为人类文明做出了巨大的贡献。"一个民族也好，一个国家也好，最令其人民自豪的当然是它对世界文化和精神文明的贡献。"在这一点上犹太民族堪称典范，迄今为止全球的犹太人口不到2000万，却获得了超过20%的诺贝尔奖，人们熟知的犹太裔学者就有马克思、爱因斯坦、弗洛伊德、奥本海默等。很多人探讨过犹太民族人才辈出的原因，并且尤为关注个人与集体、学术研究与社会语境之间的辩证关系。一些学者认为：由于缺失一个强大统一的民族国家，长期流散在世界各地、寄人篱下的犹太人若要维持生存，就只能寄希望于教育和经商，在极其严酷的反犹环境中充分开发全民族的智力和精神资源。巨大的生存压力往往意味着潜能和意志的极致爆发，对于一个人是如此，对于一个民族亦然。在某种程度上，正是格罗滕迪克早年所经受的磨难催生出了他那独立坚强的性格。尽管没有受过系统的科班训练，格罗滕迪克却具备了非凡的个性与思考能力，以及犹太人特有的坚韧不拔和自强不息的品质。纵使他年少无名、人微言轻，却注定将从一个不起眼的角落里绽放出最耀眼的光芒。

根据格罗滕迪克的回忆，他很小就对事物的表象和深层结构有着异常敏感的认识。早在中学时代，他就察觉到教科书中对于长度、面积和体积的定义是不严格的。在蒙彼利埃上大学期间，格罗滕迪克竭尽全力试图弥补他几年前发现的缺陷,进而在完全独立研究的基础上重新发明了勒贝格测度和积分的概念。几年之后,格罗滕迪克了解到自己的研究成果是一项重复发现,但他没有灰心沮丧,而是对一直以来潜藏于己的数学天赋有了更加清晰的认识,也坚定了他通过努力改变自己命运的决心。在其长篇自传《收获与播种》中,格罗滕迪克在谈及这段经历时曾经自信地写道:

> 几乎是潜意识的,我在那段孤独的岁月中掌握了成为数学家的要素——这是任何教师都无法传授的。无须别人告诉我,我本能地就知道我是一名天生的数学家。

难能可贵的是,在为自己的数学天赋倍感振奋的同时,格罗滕迪克却没有故步自封。他清醒地认识到同行交流的重要性,从而决定离开当前狭隘闭塞的学术环境,去寻觅更为广阔的发展空间。

二、声名鹊起的峥嵘岁月

在大学老师舒拉的建议下,格罗滕迪克去了法国巴黎,加入亨利·嘉当组织的数学研讨班,并且结识了很多出类拔萃的青年数学家。虽然受到热情友好的对待,但格罗滕迪克很快发现他之前的学术积累很不全面,对于研讨班这种高强度的学术交流方式也不够适应。尽管格罗滕迪克从未怀疑自己的能力,然而个人兴趣与周围学术氛围的差异还是让他非常苦闷,经典知识结构的欠缺也使他无法准确把握未来的研究方向，感觉就像一匹脱缰的野马一样盲目游走。在这个关键时候，嘉当注意到了格罗滕迪克的困境。他很清楚，或许大多数人的发展必须借助体制化的学术环境，可是对于像格罗滕迪克这样个性高度独立的天才，似乎并不适合传统的按部就班式的培养路径，允许其自由发展的宽松氛围才是他更为需要的。然而，当时的巴黎数学界精英云集，竞争气氛过于浓厚，对他的成长反而是一种遏制。在嘉当的建议下，格罗滕迪克离开巴黎前往法国的另一数学中心南锡。事实证明，他的这一抉择是正确的。

南锡大学当时的领袖数学家是丢多涅和史瓦兹，他们当时的研究课题是拓扑线性空间理论，而这刚好与格罗滕迪克的研究兴趣一拍即合，南锡当地平和缓慢的生活节奏也让他觉得很舒适。没有了在巴黎几乎令人窒息的同行竞争，格罗滕迪克得以自由发挥自己的一些想法，仅仅几个月工夫，他的研究工作就结出了累累硕果。格罗滕迪克一共写了 6 篇论文，其水平之高让丢多涅等人惊叹不已。它们不仅解决了南锡学派当时总结的几乎所有问题，而且提出了日后在泛函分析中应用广泛的核空间等概念。需要注意的是，这些工作不仅显示出格罗滕迪克在数学创造上的惊人爆发力，同时也初步展现了他追求抽象化和一般化的研究风格。

从南锡大学取得博士学位后，格罗滕迪克本来也考虑在某个学术机构任职，但是由于家庭出身等原因，他一直没有获得法国国籍。对于一个无国籍人而言，在法国的学术系统任职几乎是不可能的。在当时，获得法国国籍的条件是入伍服兵役，由于饱受战争侵害的经历，格罗滕迪克对军队的种种行径早已深恶痛绝，从而断然拒绝了入伍，因此不得不离开法国去其他国家谋求发展。他的这个决定纵使个性十足，却没有引起很多人的注意。然而从事后发展来看，拒服兵役事件标志着格罗滕迪克人生走向的一次重大转折，学术研究与社会责任即将以一种前所未有的方式紧密交织、汇聚在一个数学家的生活当中。从 1953 年开始，格罗滕迪克辗转于巴西的圣保罗大学和美国的堪萨斯大学，通过同行交流了解数学界的动向。在此期间，他与法兰西学院的塞尔熟识，两位数学家以书信方式热烈讨论了当时正处于萌发期的诸多领域，逐渐澄清了不少重要概念和方法。正是在塞尔的影响下，格罗滕迪克没有固守已有的成就，而是调整了自己的研究方向，从泛函分析转到同调代数和代数几何，开创了其数学生涯最为璀璨夺目的光辉岁月。

1956 年，格罗滕迪克回到巴黎并在法国国家科学研究中心获得一个职位，开始全力从事代数几何的研究，并且很快取得了一项重大成就——古典形式黎曼－洛赫定理的推广。作为代数几何的核心定理之一，黎曼－洛赫定理由黎曼和他的学生洛赫建立在黎曼曲面上，用现代数学语言可以表示为：设 X 为亏格 g 的紧黎曼曲面，D 为 X 上的除子，K 为典范除子，则有 $L(D) - L(D-K) = \deg(D) + 1 - g$。借助黎曼－洛赫定理，具有指定零点与极点的亚纯函数空间的维数可以用曲面上的拓扑不变量来表达，从而在曲面的解析和拓扑性质之间建立起深刻联系，而其在更高维形式下的推广也自然成为代数几何学的中心课题。在塞尔、小平邦彦、希策布鲁赫等人的努力下，黎曼－洛赫定理终于被建立在基域特征为零的代数簇上。当时的数学家普遍认为，黎曼-洛赫定理至此已经取得最一般意义的结果，然而格罗滕迪克于 1957 年重新给出了定理的代数证明，将黎曼-洛赫定理解释为一个关于簇间态射而不是簇本身的定理。这个证明不仅进一步推广了已有结果，将定理推广至任何本征光滑代数簇的情形，同时更具意义的是，它体现了现代范畴学的基本思想——理论建构的核心不在于对对象本身的描述，而是对象与对象之间的结构关系。格罗滕迪克对此做过非常形象的概括：

> 如果说在数学中有一样事物比其他东西更让我痴迷的话（毫无疑问，这个事物是存在的），那么它既不是"数字"，也不是"大小"，而是"形式"。在其展现给我们的多姿多彩的面孔中，让我一直以来深深着迷的，是潜藏在数学对象中的结构。

这种注重数学结构的理念与法国布尔巴基学派的观点不谋而合，在很大程度上引领了数学界此后数十年的研究精神。

三、代数几何世界的开拓者

作为最重要的数学分支之一，代数几何学在 20 世纪数学史中占据了绝对核心的位置，层出不穷的思想创新以及理论基础的不断抽象化是其重要特征。代数几何的基本研究对象是 N 维仿射或射影空间中代数簇（若干代数方程公共零点所构成的集合）的几何性质。古典代数几何着力于解决代数曲线和曲面的分类问题，而 19 世纪的黎曼则提出了黎曼面这一划时代概念，其函数论研究成为代数几何从古典走向近代的关键一环。到了20世纪初期，意大利学派建立了优美的复代数曲线理论，然而其理论过于依赖几何直观，缺少严密扎实的逻辑体系。在德国代数学派的成就基础上，扎里斯基利用抽象代数工具重新改造经典代数几何，发展了全新的概念和方法，在很大程度上克服了意大利学派的理论缺陷。之后，法国数学家韦伊沿着扎里斯基开拓的方向继续前进，建立了任意数域上的抽象代数簇理论，并且提出了在代数几何学发展中起了支配作用的韦伊猜想。

学术界普遍认为，格罗滕迪克在代数几何领域做出了影响最为深远的贡献。当代著名数学家芒福德在《自然》杂志上刊登了一篇有关格罗滕迪克的纪念文章，开篇就称其为"一位重新构建了代数几何学的数学家"。从20世纪50年代开始，塞尔和格罗滕迪克顺应了代数几何对于抽象化的迫切需要，对其学科基础进行了大刀阔斧的改造，将研究方法提炼至更为抽象和结构化的层次。塞尔是一位学识渊博且富有远见的青年学者，他很早就意识到韦伊猜想对于发展现代代数几何理论的重大意义。若要证明韦伊猜想，则必须对层论等理论工具做出进一步推广，而格罗滕迪克的工作正是沿着这个方向展开的。1958年8月，格罗滕迪克受邀在爱丁堡国际数学家大会上做了主旨报告，全面展望了代数几何学未来的发展方向以及他本人的研究计划。

1958年5月，位于法国巴黎的高等科学研究所成立。格罗滕迪克众望所归地成为研究所的创办人之一，在此工作了十年之久，缔造了其事业的最高峰，并且给整个数学界带来了深刻而剧烈的影响。

在高等科学研究所工作期间，格罗滕迪克与塞尔密切合作，将韦伊等人的工作进一步抽象化，提出概型语言以及一系列强有力的上同调方法。从根本上说，概型是代数簇这一基本概念的推广。有研究者评论说：

> 这些具备不同特征的代数簇可以被形象地看作一种"由代数簇构成的具有无穷面扇叶的扇子（每个特征构成一面扇叶）"，而"概型"就是具备这样一种魔力的扇子，它将众多具有各种特征的"化身"或是"转世"联系起来，就如同一个扇子连接着许多不同的扇叶一样。

格罗滕迪克的概型理论综合了交换代数、层论以及同调代数等不同分支，构成一整套气势恢宏的体系，从而成为理论构建的基本工具和组织原则，使得数学家可以运用一种统一的语言解决代数几何和代数数论中的大量问题，正如芒福德所评价的：

> 他独特的方法在代数几何领域留下了如此深刻的印记，其内在结构在最抽象的层次上得以显露，那些历史遗留问题的答案也从而直截了当地呈现在数学家面前。

有人指出，就理论风格而言概型理论非常"激进"，其借助一套全新的语言将前人学说几乎彻底改写，就如同在空气中建立起了一座空中楼阁。考虑到格罗滕迪克的生活和政治哲学也是同样激进，我们不禁想到这样一个有趣的类比：科学家的个性和其理论风格之间是否存在某种潜在关联呢？有如概型这样"激进"的理论，是不是只有像格罗滕迪克这般性格激进的科学家才能创造出来呢？推而广之地说，宏观的社会环境乃至科学家的个性与人生，是否都会以各种方式隐现在科学理论的构建过程中？我们认为这种关联在某种程度上是存在的，并且有待于科学社会学家做更为细致的探讨。

在解决大量理论和技术问题的基础上，格罗滕迪克还进一步总结了他独具特色的数学哲学。格罗滕迪克认为存在两种解决问题的模式：有些数学家喜欢发展精妙高超的数学技巧，着重从正面用"蛮力"直接解决问题，就如同用强大的力量将物体击碎一样；而他则偏好另一种更为"阴柔"和高屋建瓴的结构化方案。也就是说，在处理某个具体问题的时候，数学家将其纳入一个抽象的结构框架，然后借助一系列离解和拓展步骤来逐渐"软化"它。在整个操作过程中抽象和结构思想是其关键，所有步骤都显得非常自然、和谐，复杂、精湛的数学技巧不占有显要位置。格罗滕迪克曾经将这种模式比喻为大海中的潮汐，他以优美生动的语言这样写道：

> 海洋无声无息地涌动着，什么也没有发生，人们似乎都听不见远方海浪的涛声。但是悄然无息地，海洋包围了整个海岛，渐渐地，海岛变成了半岛，然后是一小片岛屿，

接着成为小岛，最后被完全淹没了，就好像被一望无际的大海溶解了一样。

格罗滕迪克用十几本巨著所阐述的概型理论就如同一片浩瀚的海洋，身处其中的数学家们乘风破浪，取得了一个又一个彪炳千秋的辉煌成就。这里面最具代表性的有：

（1）德利涅于1973年在格罗滕迪克的工作基础上完全证明了韦伊猜想，并获得1978年的菲尔兹奖。著名华人数学家丘成桐曾经指出："由A.格罗滕迪克和P.德利涅完成的韦伊猜想，可说是抽象方法的伟大胜利。"

（2）法尔廷斯于1983年证明了莫德尔猜想，并获得1986年的菲尔兹奖。

（3）怀尔斯于1994年完全证明了费马猜想，并获得1998年的菲尔兹特别奖。

四、兼济天下的和平斗士

在1970年以前，格罗滕迪克一直是数学界无可辩驳的权威。他不仅是出类拔萃的研究者，同时也是一个热情无私的好教师，在学术研究和培养人才上倾注了全部精力。格罗滕迪克在教学上从不循规蹈矩，而是与学生一起编撰教材，注重启发和原创式思维的培养，在共同钻研课题的同时传达给学生第一手的科研经验，从而影响了整整一代青年数学家。正因为此，每年都有大批学者前往巴黎聆听他的指导，甚至将他视为终极偶像而顶礼膜拜。巴黎大学的名

誉教授波埃纳鲁曾经回忆道:

> 当时的格罗滕迪克是个极富吸引力的人,而且不限于数学领域。史莱克(我当时对他的昵称)是我所见过的最强壮、最有超凡魅力的人之一。在我心目中他就像陀思妥耶夫斯基创造的人物,他也是一个极度善良慷慨的人。

然而,年过四十的格罗滕迪克却似乎陷入了某种中年危机,对自己倾力投入的学术生涯渐生疲惫之感。在自传中他这样写道:

> 从 1945 年(我当时 17 岁)到 1969 年(我 41 岁),我把全部精力都投入到数学研究中,这当然是一种过度的投入了。作为代价,我在很长一段时期都陷入了某种精神停滞状态,我的生活变得日益枯燥,失去了意义。

很多人觉得他的这段话匪夷所思,当时的格罗滕迪克正值事业高峰,可谓名利双收,怎么会突然对此心生厌倦呢?其实也不难理解,对于一个资质超群、自我意识极为强烈的人而言,他势必只会听从自己心灵的召唤,永远不会沿着一条按部就班的人生轨迹滑向终点。格罗滕迪克在弱冠之年就成为泛函分析领域的权威人物,却在声名鹊起之时转向代数几何;如今他成为学术界最耀眼的明星,却又经历了一次人生的华丽转身。

一个人青少年时期的经历往往对他性格和人生观的塑造起着关键作用。与其他数学家相比，格罗滕迪克的成长环境显得格外悲惨：幼年时就饱受战争的创伤，犹太人的身份更是带给一家人难以名状的痛苦；父亲惨死于纳粹之手，母子二人长期过着居无定所、饥寒交迫的生活。不幸的生活经历使得格罗滕迪克从小就对和平有着极为炽热的向往，并且成为一名坚定的反战主义者。自20世纪中期以后，冷战局势进一步恶化，整个世界重新蒙上战争的阴影。在很多数学家看来，政治只是身外之物，与自己的职业追求没有什么联系。然而，在格罗滕迪克看来，政治和学术却有着截然不同的意义，人类所创造的任何知识领域都不是象牙塔中的孤立存在，而是共享同一个终极目标——为了所有人的幸福安康。事实也的确如此，"科学家应该清醒地认识到，自己首先是国家公民和世界公民，是整个社会大家庭的一分子，其次才是科学家"。如果人类文明无法挽救自身，以至于最终毁于战火，那么貌似纯粹的科学研究还有什么价值呢？面对当时严峻的政治形势，格罗滕迪克再也无法保持沉默了，而是以其独有的方式向强权体制发起了挑战。值得注意的是，借助自己的学术声望干预政治的科学家并非他一人，美国数学家斯梅尔在当时也曾经激烈批评美国和苏联的外交政策，甚至因此受到中央情报局和克格勃的"特殊关照"。然而与斯梅尔相比，格罗滕迪克的政治态度要激进得多，在行动上也贯彻得更加坚决、彻底。

1966年成为格罗滕迪克一生中极为重要的分水岭，这一年他拒绝前往莫斯科领取国际数学家大会颁发给他的菲尔兹奖章，作为对苏联在东欧军事行动的抗议。很多人对此感到不解，认为他这种将学术和政治混为一谈的行为过于激进，并且无助于现实问题的解决。然而在格罗滕迪克看来，他的抗议行为绝非哗众取宠的一时之举。他认为，每个数学家都有能力也有义务去承担责任，而不是逃避现实。在这种强烈道德意识的感召下，格罗滕迪克开始更多地介入政治。在 1967 年越南战争期间，他只身前往越南旅行，曾经藏身在河内的森林里为当地学者讲授代数几何理论。1968 年的"布拉格之春"、巴黎"五月风暴"引发了一系列激进的政治运动。尤其在巴黎"五月风暴"中，大量法国学生和工人走上街头举行罢课、罢工等抗议活动，而当时的绝大多数高校学者和教授都明确表态支持学生，这场喧嚣一时的政治风潮对格罗滕迪克产生了更直接的影响，并且促发了其职业危机的总爆发。1970 年上半年，高等科学研究所因为预算问题接受了法国军事部门的资助，此种数学与军事的联姻行为让格罗滕迪克极为愤怒，甚至劝说同事和他一起辞职以示抗议，然而却没有多少人响应。这一切都让他深感失望，随即向高等科学研究所递交了辞职信。而在同年的国际数学家大会上，苏联盲人数学家庞特里亚金以导弹追踪飞机为例阐述他的微分对策理论时，格罗滕迪克竟然跑上讲台抢夺报告人的话筒，理由是反对将数学用于军事。通过以上事件不难看出，格罗滕迪克的人生转型既带有那个动荡年代的印记，又可以归结为某种强烈个性与人生逻辑发展的必然。科学研究与社会责任，就是以这样一种看似割裂实则统一的方式融入了格罗滕迪克的后期生涯。

五、孤独、奋斗与虚空

辞职以后,格罗滕迪克更多地投入到政治宣传和示威活动中。在其言谈中数学变得越来越少,取而代之的是连篇累牍的社会政论,以及对军备竞赛和人类最终命运的担忧。此外,格罗滕迪克还和他的追随者们成立了一个名为"生存"的左翼团体,其宗旨是通过有组织的政治活动来减少军事冲突,改善自然生态环境和人类的生存状况。客观来看,尽管格罗滕迪克怀抱满腔热情,但他对政治的认识却是肤浅和幼稚的。他的行动仅仅停留在口号宣传的层次上,缺少务实的行动纲领和斗争策略,政治团体内部也缺乏必要的组织管理规范,所有这些对于一个数学家而言毕竟是过高的要求。诚如英国科学哲学家皮尔逊所指出的:

> 绝不能得出结论说,因为一个人在自然科学领域为自己赢得了名声,所以他在诸如社会主义、地方自治和圣经神学这样的问题上的判断将必然是健全的。

格罗滕迪克一直在竭尽所能传播自己的信念,然而产生的实际效果却惨不忍睹。他近乎偏执的政治洁癖以及堂吉诃德式的莽撞行为并没有博得同行的理解,连好友塞尔都禁不住愤怒地质问他:

> 每个人都在期待你回答这个问题:你为什么要放弃那

些你未完成的事业？

最后，格罗滕迪克被法国学术界彻底抛弃，而他的两次情感经历以及全部政治活动也都以失败告终。格罗滕迪克终于痛苦而无奈地意识到：在数学界他可以单枪匹马去缔造自己的王国，但是在现实生活中他终究只是个凡人，有很多事情是单凭主观意愿无法改变的。

理想终于败给了现实，然而谁又能说格罗滕迪克是个失败者呢？在今天看来，他在当时的大声疾呼并非杞人忧天，而他所猛烈抨击的生态和政治现实也依然存在，只是很多人都选择了漠视和回避。耐人寻味的是，在生活和政治上屡遭挫败的格罗滕迪克却知名度大增，甚至在学术圈之外收获了很多崇拜者。其实这一切也不难理解，在普通人看来，数学家总是终日和公式、图形打交道，几十年如一日地在学术阶梯上攀登，大脑里思考着永无止境的难题……这样一种不食人间烟火的形象固然让人钦佩，却似乎少了一些能让我们怦然心动的东西。人们之所以崇敬格罗滕迪克，不仅仅是因为其伟大的数学成就，更在于他为了理想而不恋荣华甚至不惜与主流价值观相悖的人格魅力。数学的发展永不止步，一代代学问家依旧各领风骚，而像格罗滕迪克这样的传奇人物却世间罕有。

1973年，格罗滕迪克回到了他的母校蒙彼利埃大学，并被授予一个正式的教员职位。历经60年代的喧嚣躁动，格罗滕迪克的生活恢复了以往的平静。尽管与外界仍然保持着一些联系，但他对学术研究已经彻底失去了兴趣，与昔日的同行们也渐行渐远。80年代中期，格罗滕迪克花了大约四年时间撰写了一部长篇回忆录《收获与播种》。这部书篇幅长达2000多页，内容极为丰富，涵盖了他的人生经历以及对自己学术生涯的反思，同时夹杂了很多常人难以理解的哲学和宗教玄想。1988年，瑞典皇家科学院宣布将克拉福德奖颁发给格罗滕迪克，然而他却再次拒绝领奖，理由是抗议数学界日益严重的权力垄断和学术官方化倾向。同年从蒙彼利埃大学退休以后，格罗滕迪克与外界断绝了所有联系，最后隐居在比利牛斯山一座偏远村庄中，从此杳无音讯。等到人们再次想起他的时候，他已经在不经意间悄悄离开了这个世界。

回顾格罗滕迪克的一生，其中既有意气风发、激荡雄浑的天才吟咏，又能品味出某种甘于隐逸、烟花散尽般的寂寞。从始至终他都在奋斗、探寻和抗争着，守护自己内心的那一片净土，甚至容不得一丝暴力和世俗的污染。经过一段艰苦卓绝的漫长旅途后，这位伟大的数学家终于得到了安宁。格罗滕迪克曾经用深邃而富有诗意的语言概括了他对数学的认识：

> 每一门科学，当我们不将其视为获取权力和统治力的工具，而是人类世世代代对于知识的不懈探索和追求，那么它不是别的，而是一种可以名为"和谐"的东西，历经各个时期，博大或精微，丰富或贫乏。对于依次出现的各个主题，它展现给我们微妙而精细的映照，仿佛来自虚空。

对于格罗滕迪克而言，他曾经如此挚爱的数学仿佛来自虚空，却纯净得不染一丝纤尘。其实，我们每个人又何尝不是这样？生活在这个孤独而虚空的世界中，却又竭尽全力去追寻生命存在的意义。

（作者：沈　楠　徐　飞）

邹腾
19 世纪数学史家、丹麦数学的先驱者

邹腾
（H. G. Zeuthen，1839—1920）

19世纪下半叶是丹麦历史上十分重要的时期。新思潮的引入，民主宪法的颁布，铁路的建设，电报的应用，工业大公司的涌现，新创造发明的迭出，所有这一切都深刻地改变着这个北欧国家的社会。人们开始崇尚理性、重视自然科学，数学的发展获得了良好的契机。在文法学校，数学课程的地位日益提高；拥有大学数学学位的年轻人有了更多进文法学校任教的机会；数学和自然科学专业从哥本哈根大学哲学系分离出来；专业数学杂志创刊；私人组织的数学会议开始出现；丹麦数学会成立。有人把19世纪70年代称为"丹麦近代数学的剧变期"。在这个特殊的历史时期，有一位数学家为自己的祖国登上世界数学大舞台做出了杰出的贡献，成了丹麦数学的先驱者之一。他就是本文的主人公邹腾。

邹腾这个名字对大多数普通中国人来说，或许还很陌生，事实上介绍他的英文资料也并不多。但这丝毫无损于他在丹麦乃至世界数学史上的地位和影响。邹腾的整个职业生涯几乎都是在哥本哈根度过的，但是世界上每个代数几何学家都不会不知道他的名字。他也是19世纪最重要的数学史家之一，我们今天所了解的古希腊数学知识很大一部分源于他深刻的历史研究。

一、求学时期

邹腾于 1839 年 2 月 15 日出生在丹麦的格里姆斯楚普。父亲邦·邹腾是一位教会牧师。邹腾祖父的祖父是一位叫劳理得森·邹腾的牧师，他曾在奥胡斯的拉丁学校读书，在那里，老师给他取了邹腾这个拉丁姓氏，由此他成了第一个邹腾。

邦·邹腾是一位聪明、博学的牧师。年轻时，他如饥似渴地读书，学习了几何、拉丁文和历史。后来他又着迷于哲学和神学，最终获得了博士学位。1835 年与 21 岁的姑娘劳柏结为伉俪。他们有三儿二女，这是一个非常幸福美满的家庭。母亲温柔、聪慧、严肃、乐观，受牧师父亲的影响，一生持守着坚定的宗教信仰。父亲正直、严肃、内向、自律，是小邹腾的启蒙老师，培养了他对科学和文学的兴趣，以及不迷信权威、用批判的眼光看待一切问题的态度。

1849 年，邹腾和哥哥弗雷德里克随父亲来到西兰岛的索勒镇，就读于那里的索勒学院。索勒学院是一所历史悠久的名牌中学，1586 年由丹麦国王创办，索勒镇正是因为这所学校而发展起来的。虽然索勒学院是一所传统的寄宿学校，但从 1822 年起它也接受像邹腾兄弟这样的走读生。兄弟俩在索勒学院主修的是大学预科的课程，包括拉丁文、希腊文、数学、法文、德文和希伯来文。早期多种语言的学习为邹腾后来的学术研究，特别是数学史研究，打下了坚实的基础。邹腾的学习成绩比他哥哥好，以全校第一的优异成绩毕业。

邹腾在成长过程中，与哥哥弗雷德里克的关系特别亲密。弗雷德里克后来成了一位有名的牧师。哥哥十分疼爱和照顾邹腾。1863年，当邹腾还在巴黎求学时，正在服兵役的弗雷德里克致信父亲，要求父亲把答应寄给他过圣诞的钱寄给弟弟，因为他觉得弟弟会更好地利用这笔钱。此外，当邹腾在科学界崭露头角时，弗雷德里克既高兴又骄傲，并尝试去了解邹腾的数学世界。有一次，邹腾给一个大学纪念文集写了一篇文章，哥哥很仔细地研读了该文，还写了一篇短评，其中的批评是如此之强烈以致邹腾颇受打击，但邹腾不得不承认兄长的批评是正确的，他回信称自己以前从未听到过如此尖锐的批评。

在索勒学院，邹腾结识了彼得森，两人后来成为终生挚友。彼得森和邹腾同一年进索勒学院，主修商业课程，其中包括数学与自然科学以及法、德、英文。彼得森也着迷于数学，常常和邹腾彼此出题，还曾经讨论过三等分角问题。1909 年，邹腾回忆当年的情景时说，与彼得森的相识与合作让他在科学研究上受益良多。1856年，彼得森从索勒学院毕业进入丹麦工学院（今丹麦理工大学），不久从土木工程专业转到了数学专业。创建于 1829 年的丹麦工学院为当时的丹麦工业化培养了众多优秀的工程师。

在 80 岁生日那天接受哥本哈根大学校报采访时，邹腾回忆了在索勒学院的日子。当时的他觉得数学特别简单，也不需花时间去学。但在一次期末考试中他遇到了麻烦。口试部分，第一个问题要求用欧几里得的方法证明勾股定理。这对他来说可是一个大难题，平时的他可都是凭直觉打天下的！或许正是这次尴尬的经历，让他看到了数学作为文化的一面。第二个问题要求算出 $\sqrt{-a}\sqrt{-b}$ 的乘积，他又凭直觉得出 $\sqrt{ab}$，浑然不知课本上已经明明白白写着 $-\sqrt{ab}$！之后是 45 分钟的代数笔试部分，由于好胜他匆忙交卷，结果遗漏了一个重要答案。真是一次惨痛的教训，难怪邹腾到 80 岁记忆犹新。

邹腾的字写得很糟糕，说话还会结巴。索勒学院的院长波杰森曾经沮丧地对他说：

> 邹腾先生，将来你能做什么呢？不能做牧师，因为在讲台上发出太多的"啊……啊……"会惹听众发笑。也不能做律师，因为没有一个部门主任能忍受如此潦草的字迹。

但谁也没有想到，邹腾最终会成为一名大学教授，并且还当上了丹麦皇家科学院的秘书。

邹腾兄弟俩同时于 1857 年从索勒学院毕业，然后一起进入哥本哈根大学深造。一开始，他们住在疼爱他们的姑姑索菲家。第二年，兄弟俩搬到了柯勒吉恩的学生宿舍。很快，他们便建立起自己的朋友圈子，其中很多人后来都成了丹麦的名流。学生时代的生活也不尽是枯燥乏味的，弗雷德里克曾在 1860 年 2 月的家书中谈到一次狂欢节的情景。

辩论会是他们生活的重要组成部分。宿舍里总是回响着争辩的声音、诗歌、戏剧、哲学、神学以及教会问题，他们无所不谈。另外，还组织一些正式的辩论小组。五十年后，当邹腾回忆其中一个小组时说道：

> 我们每月大约聚一次，讨论科学、社会、政治，可能还有宗教问题……与其他小组不同，我们完全由自己（而不是应邀前来的大人）组织和展开讨论。我们既有严重的分歧，又有高度的共识，因此这些讨论促进了个人的发展。

当时，这些小组的水平已经相当高，其中一位小组长后来成了丹麦最激进的文人，另一位小组长成了丹麦最保守的宗教组织领袖。

1858年，邹腾以优异成绩通过了哲学考试，开始学习数学。起先，他打算读工程学，但又想将来去教书，于是就转到了数学专业。学习了数年的基础课之后，邹腾开始独立钻研法国大几何学家沙勒和萨尔蒙的著作。创刊于1859年的《数学学报》是丹麦历史上第一份数学期刊。邹腾常常在该期刊上提出问题、刊登解答，还发表各类小文章，这给他的学习与研究带来了许多灵感。后来他在自传里谈到，不管这些文章对读者来说是否重要，但对他而言，的确帮助了他在数学上的发展。1862年春，邹腾获得硕士学位。

此后一年半，邹腾继续在数学领域，特别是几何学方面做研究。1863年秋，24岁的邹腾获奖学金去巴黎学习，成为沙勒的学生。他在法兰西学院和巴黎大学听沙勒和其他著名数学家的课。70岁高龄的沙勒是当时法国几何学的泰斗。他深刻的洞察力、渊博的学识以及对学生所表现出的友善与大度，都深深打动了邹腾。沙勒在研究方向上的引导、在研究方法上的指点以及在精神上的热情鼓励对这位年轻的丹麦数学家产生了深远的影响。通过沙勒，邹腾还认识了其他一些著名数学家，包括法国数学家达布、德国数学家菲利克斯·克莱因以及挪威数学家李。

1864年2月，普鲁士和奥地利对丹麦发动了侵略战争。4月，邹腾回到丹麦，应征参加炮兵军官训练，但是还没等到训练结束，战争就于当年10月以丹麦的战败而结束。1865年1月，他又回到了柯勒吉恩的学生宿舍，重拾他在巴黎所做的研究工作，进一步发展了沙勒关于平面圆锥曲线的枚举理论。6月，他将自己的工作整理成文作为博士论文递交，同年10月22日被答辩委员会接受，11月21日顺利通过答辩，获得数学博士学位。

1867年12月18日是邹腾结婚的大喜之日，他搬出了学生宿舍。新娘是他的室友兼挚友吉佩尔森的妹妹朱丽亚。后来，邹腾又结了两次婚。第一任妻子朱丽亚去世后，他于1879年娶了朱丽亚的姐姐玛利亚，玛利亚生有一子。第三任妻子是索非亚，她比邹腾小21岁，生有两个儿子和一个女儿。

二、职业生涯

从1866年到1869年，邹腾一直是哥本哈根大学的无薪讲师，任教高等几何以及动力几何学。无薪讲师顾名思义是没有薪水的，但是开设的课程是被列入大学课程目录中的。据邹腾1909年回忆，在他的学生时代很少有人敢去研究数学，因为这是一个"没有面包"的领域。然而邹腾是幸运的，因为他一直得到父亲的资助。

1850年，数学与自然科学专业从哥本哈根大学哲学系中分离出来，独立成系。1861年丹麦数学家斯滕成了哥本哈根大学数学与自然科学系的第一个数学教授，同时也兼任丹麦工学院的数学教授。在当时的丹麦，唯有这两所高校设有数学教职。虽然斯滕的数学才能不及邹腾，但他却是邹腾的伯乐。1870年，在斯滕的极力推荐下，邹腾被聘为临时几何学讲师。1871年年初，斯滕在哥本哈根大学成功添设了第二个数学教职。同年7月4日，邹腾被正式聘为数学助理教授。1875年，数学与自然科学系任命他为教授，因为他事实上已经在做教授的工作了。1883年5月1日，在斯滕教授的坚持下，邹腾才被正式聘任为副教授。1885年，斯滕教授退休，邹腾接替了他在丹麦工学院的数学教职。翌年，斯滕教授逝世，邹腾才于当年10月1日被哥本哈根大学正式任命为正教授。而好友彼得森在1871年获得博士学位之后一直在丹麦工学院任讲师。1887年，在当时全丹麦唯一的数学教授邹腾的强烈要求下，哥本哈根大学聘任彼得森为第二个数学教授。就这样，索勒学院当年的两个伙伴成了当时丹麦仅有的两位数学教授，此后，他们共同主宰丹麦数学界直至退休。他们为19世纪末丹麦数学赶上国际水平做出了重要贡献。

多年来，邹腾在哥本哈根大学和丹麦工学院教书的同时，编写了解析几何、流体静力学、动力学、图解静力学、圆锥曲线论、枚举几何学以及数学史方面的课本和讲义。在哥本哈根大学，邹腾还开课给学生介绍自己在几何学和数学史方面的研究成果。直到1910年2月，将近71岁的邹腾终于到达工作年龄的极限，退休了。

在哥本哈根大学，邹腾不仅做数学教学工作，还积极参与学校管理的工作。从1886年开始他就是学校最高管理机构的成员，从1891年开始他是学校的两个审计员之一，他也曾是学生住宿管理机构的主席，分别于1895—1896年和1906—1907年两度担任校长。在社会上，他也积极参加各种社会组织，曾担任丹麦传教会理事、圣雅各教会协会理事、哥本哈根教会建设基金会理事等。

邹腾的一生与《数学学报》结下了不解之缘。在长达六十年时间里，他一直协助该期刊的出版工作，从1871年开始直到1889年，他连续担任了十八年的主编[1]。这份期刊随着邹腾的声誉远播而渐渐广为人知，常常被称为《邹腾杂志》，一如德国的《克雷尔杂志》和法国的《刘维尔杂志》。此外，邹腾也担任过三份国外著名数学期刊——意大利《巴勒莫数学会学报》、瑞典《数学学报》、法国《数学科学公报》的编委。

---

[1] 第一任主编是蒂克森，任职时间为1859—1870年。邹腾之后，第三任和第四任主编分别为尤尔（任职时间1890—1915）和希加德（任职时间1916—1918）。其中希加德是邹腾在哥本哈根大学的得意门生。此杂志于1918年被丹麦数学会接管。

邹腾还参与创建了丹麦数学会。后任哥本哈根大学天文学教授的蒂勒最早提出创建数学会的设想。1873年10月8日，哥本哈根大学数学教授斯滕在丹麦数学会成立大会开幕时做了关于19世纪丹麦数学发展史的报告。会上制定了学会规章，并选出了委员会。委员会由蒂勒、邹腾和彼得森三人组成，当时的邹腾还是哥本哈根大学的助理教授，而彼得森则是丹麦工学院的数学讲师。在此后的三十年中，邹腾和彼得森经常为数学会例会作学术演讲。

1872年12月6日，33岁的邹腾当选丹麦皇家科学院院士。约五年后，邹腾以22张选票（总共33张）的绝对优势当选为丹麦皇家科学院的秘书。这一工作他一做就是三十九年，直到1917年他主动让贤，是所有秘书中任期最长的一位。作为丹麦皇家科学院的院士，邹腾做了很多数学和数学史演讲，但大多数演讲内容都没有正式发表。作为秘书，他主持丹麦皇家科学院的日常工作，参与审稿、批阅科学院奖金方案、记录科学院日志、起草书信和提案等，一丝不苟、鞠躬尽瘁。除了因为在国外长途旅行而缺席一次会议，他没有错过科学院的其他任何会议。

1888年2月17日，邹腾与同事联合发起了一场允许在科学院院刊上使用外语的运动，引起丹麦学术界的激烈争论。邹腾是一位具有国际视野的大数学家，他十分重视国际交流，迫切希望丹麦的学术早日走向世界。他认为，丹麦皇家科学院拥有可供外国人阅读的机关刊物是很有必要的，可以借此加强与国外学者的交流，有利于本院院士在国外期刊上发表论文；也可以增加本院的国际影响力，提高国际知名度。然而，反对者也提出诸多不利因素。最后双方达成协议接受法文，争论才得以暂时平息。显然，这次运动对《数学学报》也产生了影响，因为从 1890 年开始它接受外文稿件，包括外国数学家的稿件。

第一次世界大战之后，丹麦皇家科学院遇到了一个棘手的政治难题。战争期间，协约国与同盟国的科学界断绝了关系。1918 年，协约国的科学家组建了新的国际科学合作组织——国际研究会，他们邀请中立国的科学家加入，但拒绝接纳战败的同盟国的科学家。作为中立国的丹麦是否应加入国际研究会？这引起丹麦科学界的争论。邹腾和他的合作者、丹麦著名语言学家海伯格提出，是否加入一个新的国际科学组织的标准应该是看该组织是否能够促进广泛的（而非狭隘的）国际合作的恢复。1819 年，丹麦皇家科学院加入了国际研究会，但保留恢复战前已有国际合作的权利。历史雄辩地证明：邹腾和海伯格的观点是正确的。

邹腾为丹麦数学的发展做出了巨大贡献，并为丹麦争得了许多国际荣誉。他的博士论文是丹麦大学论文标准提高后二十年内的第一篇。他是丹麦历史上第一个在国际重要学术刊物上广发论文的数学家，也是丹麦历史上第一个多产的数学家，发表论文约 150 篇，出版著作 10 部。另外，他还为《丹麦传记辞典》撰写了许多 19 世纪丹麦数学家的传记。继沙勒 1867 年成为伦敦数学会外籍会员之后，邹腾于 1875 年当选为该会外籍会员。邹腾也是第一个成为国外主要科学院（共计 16 个）院士的丹麦数学家。1888 年，柏林科学院授予他斯泰纳奖，表彰他在几何学上所取得的非凡成就。1902

年，在挪威首都克里斯蒂安尼亚（今奥斯陆）举行的阿贝尔百年诞辰纪念会上，他被授予荣誉数学博士。此外，他还担任了1900年（巴黎）、1904年（海德堡）和1909年（罗马）国际数学家大会的副主席，以及1909年在瑞典首都斯德哥尔摩举行的第一届斯堪的纳维亚数学家大会的副主席。

三、学术成就

1863年，邹腾在熟悉了恩师沙勒的工作后，便开始自己的枚举几何学研究。他发现这是一片非常广阔的研究领域，在这方面他最初的成果是他的博士论文《求圆锥曲线系特征的新方法》，后来该文被译成法文发表在法国的《新数学年刊》上。圆锥曲线系之特征概念是沙勒提出来的，指的是过平面上任一点的圆锥曲线数以及与平面上任一已知直线相切的圆锥曲线数，这两个数确定了一个圆锥曲线系。邹腾继承了沙勒的特征理论，同时也提出自己的新方法，他先确定过一点或与一条直线相切的圆锥曲线数，然后应用它们去求特征数。沙勒认为邹腾的研究难度很大，赞扬他"严谨、有才能、判断准确"。

继博士论文之后，邹腾在枚举几何学领域的研究成果一发而不可收。他把沙勒的特征理论推广到三次和四次曲线系，正如沙勒所评论的那样，"在曲线一般理论中跨出了一大步"；他将沙勒的对应原理用于德国数学家普吕克所提出的平面曲线奇点关系的证明，并完善了英国数学家凯莱关于空间曲线和代数曲面奇点的理论；他还对具有一一对应点的曲线或曲面的性质做了研究。由于在枚举几何方面的杰出工作，邹腾被人们公认为是沙勒最好、最忠实的弟子。

1875年之后，邹腾的研究领域更广泛了。他开始撰写力学方面的著作，同时在代数曲面理论方面做出了重要贡献。他又发展了枚举运算：计算与给定曲线束相切的曲线的数目。由于几何学的走势逐渐趋近严格，该理论曾经被忽视多年，直到近年才重新得到人们的肯定。

19世纪70年代以前，人们丝毫没有看出沙勒的数学史研究对邹腾有何影响。然而，约从1876年开始，邹腾对数学史研究产生了日益浓厚的兴趣，他的研究方向开始拓展到该领域。在他一生所发表或出版的论著中，数学史论著有40余种，一些数学史的优秀课本相继被译成德语、法语、俄语和英语，其中一些已成为经典之作。对邹腾的著作，人们的评价是：阅读他的数学史著作是倾听历史的很好途径，读者在了解古代数学家生平逸事的同时也领会了他们的数学思想。1903年，法国科学院为了表彰他在数学史领域所做的贡献，授予他首届比努奖。

邹腾认为，每一位拿数学学位的学生都应该熟悉欧几里得的《几何原本》和笛卡儿的《几何学》。在写于1876年的第一篇数学史论文中，他指出数学专业学生学习数学史的必要性。他认为，通过数学史的学习，学生不仅能获得一种历史感，而且通过新的角度，将对数学产生更敏锐的理解力和鉴赏力。实际上，邹腾经常在课堂教学中讲述数学史，他的学生、丹麦著名数学家哈那德·玻尔回忆道：

在与学生谈话时，邹腾很喜欢带领我们大家回溯数学的历史。听过他讲课的人永远都不会忘怀——我们真幸运，在这些课上，他几乎一直在滔滔不绝地讲。

邹腾的第一部重要数学史著作是 1884 年出版的《古代圆锥曲线的历史》，此书为我们展现了古代几何学的重要历史，其学术价值与沙勒的《几何方法的产生与发展历史概述》相伯仲。邹腾详细阐述了阿波罗尼斯关于圆锥曲线的研究，发现阿波罗尼斯是利用斜坐标系得出圆锥曲线性质的，还发现他是通过两束直线的投影来生成圆锥曲线的。与邹腾同时代的法国著名数学史家塔内里对此书做了高度评价：

邹腾的工作开启了一个新的时代；在他之前，人们对古代圆锥曲线历史的认识是不完整的。邹腾不仅为我们提供了一把开启历史的钥匙，而且还为我们指明了一种研究方法，使我们不再误入歧途。

法国著名数学家皮卡尔称：

可以说，没有人能比这位丹麦几何学家更好地理解古人的数学思想和推理方法了！

从 1885 年起，邹腾的数学史研究领域更广，研究问题更趋多样化，并保持着丰硕的成果。他研究了微积分最初的发展历史以及无理数理论的起源等。他的研究极富启发性，关于古希腊数学的众多研究成果被英国著名数学史家希思写进他的名著《希腊数学史》中。例如，特奥多鲁斯是如何证明 $\sqrt{3}$、$\sqrt{5}$、$\sqrt{7}$、$\cdots$、$\sqrt{17}$ 是无理数的。邹腾推测，他是利用毕达哥拉斯学派熟悉的求两正整数最大公约数的方法、借助反证法来证明的。

19、20 世纪之交，学术界兴起了对古希腊数学的系统研究。邹腾和塔内里等人开创了一种研究传统，其目标是通过对欧几里得《几何原本》这样的原始文献进行技术性和理论性分析，重构公元前 5 世纪至公元前 4 世纪希腊数学的发展情况。1896 年，邹腾出版了一部更具影响力的数学史著作《古代与中世纪数学史》，该书原文是丹麦文，后来相继被译成法文和德文等，中国学者也曾计划将其译成中文。书中，他着重讲述那些对教师和学生来说非常必要的数学史知识，用通俗的语言将过去的数学概念带到了今天。邹腾描述了大量真实的历史细节，展现了数学概念从原始的简单形式到今天相对完整的形式的缓慢发展过程。因此这本书在学生和教师之间广受好评。

全书分三部分详细介绍了古希腊、印度以及中世纪的数学。古希腊数学部分首先介绍了毕达哥拉斯学派的数学以及几何代数这一具有古希腊特色的理论。之后介绍了其他代数以及几何方面的内容。如开方、比例的一般理论、球面几何、希腊几何的衰落等，还介绍了《几何原本》第 5—9、11—13 诸章的内容。正如他在前言中所说，在介绍《几何原本》的内容时，他尝试对所引用的每一个内容加上注解，以便读者能更好地理解并欣赏这部历史著作。他以尽可能贴近读者的方式去呈现古代著作中的思想和方法，因为他觉得读者很少有机会阅读这些原始文献。邹腾用《几何原本》来解释古希腊数学家们所严格遵循的逻辑形式，他并没有像其他学者那样发表支持或者反对的意见，只是尽可能地将真相告知世人，目的是保存这些历史遗产不让其遗失。印度数学部分重点介绍了数的符号、演算，代数理论以及几何。中世纪部分重点介绍了阿拉伯的算术、代数和三角学以及欧洲数学。

邹腾为我们理解古希腊数学提供了重要的视角。例如，邹腾认识到，作图在古代被认为是一种存在性证明。玻尔认为，这一发现具有划时代的意义。另一个例子是，邹腾曾经推断，古希腊人是借助直觉的无穷小方法求得结果，然后再用穷竭法对结果加以证明的。1906年，海伯格在土耳其君士坦丁堡（今伊斯坦布尔）的耶路撒冷圣墓隐修院发现了遗失的阿基米德重要著作《方法》的手抄本，证实了邹腾的推断：阿基米德在《方法》中正是利用无穷小方法（阿基米德只将其看作发现的手段）获得曲边形（抛物弓形）面积和曲面体（球、椭球体等）体积的，而已知的阿基米德著作，如《论球与圆柱》《论劈锥曲面体和球体》《论抛物弓形求积》等都是用穷竭法对有关结果做出严格证明的。之后，海伯格与邹腾在《数学文献》上联合发表了《新发现的阿基米德著作》一文，其中海伯格提供了原文的翻译，邹腾做了长篇评注。邹腾认为，我们不应该只是盲目地去问古人用他们那些原始方法能够做些什么,而是要重新检验这些方法,看它们是否真的有用。

海伯格和邹腾的合作可谓珠联璧合、相得益彰。邹腾曾经说过,他的研究需要求助于有深厚文学功底又关注数学史的人,这个人就是海伯格了。他们的每次合作总会给人们带来惊喜,他俩的名声也因此远播国内外。

关于古希腊数学,邹腾的重要贡献之一是"几何代数"观点的提出。在邹腾看来,欧几里得的《几何原本》第二卷就像是一本用几何语言写的代数书。例如命题4:"如果一条直线段被任意分成两段,那么整段长度的平方就等于两小段长度的平方和加上以两小段为边长的矩形面积的两倍。"这就是代数恒等式$(a+b)^2=a^2+b^2+2ab$的几何描述。邹腾将这种用几何命题来解决代数问题的方法称为"几何代数"。后来有人对此提出异议,如出生于罗马尼亚、留学美国的科学史教授温古鲁认为,《几何原本》第二卷前十个命题可以翻译成今天的代数形式,并不等于古希腊数学家知道这种形式,几何代数之说"唐突、天真、从历史上看站不住脚",但以范德瓦尔登为代表的数学史家们则支持并继承了邹腾的这种对于古希腊数学的诠释,今天,"几何代数法"已经成为人们十分熟悉的古希腊数学方法。

1903年,邹腾出版《16、17世纪的数学史》。书中,邹腾一方面介绍了16—17世纪的代数学和解析几何,其中大篇幅描述了笛卡儿和韦达的工作;另一方面也介绍了微积分的历史,除了牛顿和莱布尼茨的工作,邹腾还特别提到了牛顿的老师、英国数学家巴罗对微积分的诞生所起的重要作用。

1917年，邹腾又出版《归功于科学推理的数学改革——从柏拉图到欧几里得》一书。该书简单回顾了柏拉图的逻辑思想，以及他所提出的科学推理。通过介绍《几何原本》中角概念的起源、无穷小量的研究、二次方程求解、立体体积等问题，归纳了欧几里得所使用的推理方法：原始的直觉想象—通过图形变换—证明的一般化—表述的一般化这样一个发展过程。

邹腾和M. 康托尔被公认为是19世纪末最重要的两位数学史家。但是两者的研究方法截然不同。康托尔是史料的集大成者，他所关注的是每一位数学家所做的工作。他搜集了从古代到18世纪不计其数的一手或二手文献，再将这些资料以及观点汇合成为数学的发展史，再把它联系到人类文明史中。在某种程度上，康托尔的数学史缺乏对各个数学知识之间内在逻辑关系的分析。邹腾则是一位思想敏锐的数学家，他所关注的是数学思想与方法的发展轨迹。通过考察古代学者的数学著作，提取其中的数学方法及其逻辑联系，并加以深刻的分析，不时还通过自己的证明来填补历史的空白。邹腾总是强调，他是作为数学家而不是历史学家去研究数学史的。

早期，康托尔的《数学史讲义》对邹腾产生重要影响，邹腾称此书"以非同一般的完整以及值得信任的方式再现历史事实"。他也谈道："在我自己做研究时，康托尔的著作让我看到了更多重要的历史资料，只是我在理解和使用这些材料时，持有不同的观点。"后来，两人在学术上的不同见解导致了一些争端，也影响到了他们的个人关系。邹腾是数学史名家中唯一一位没有为康托尔70周岁生日写纪念文章的人。

四、人格情操

邹腾的个人魅力是有目共睹的,从他工作以及生活的点点滴滴中我们都可以感受到这位受人敬爱的数学家的风采。

1865年,当他的博士论文还在印刷时,收到了恩师沙勒于当年9月4日发表在《法国科学院院刊》的论文。文中,沙勒把他的特征理论推广到空间上的圆锥曲线,并且承诺,在以后的论文中,他会把他的理论推广到二次曲面。邹腾读了沙勒的论文之后,便在自己博士论文的最后加了一段评论。那个夏天,邹腾显然将沙勒的理论推广到了二次曲面。但是,无论是在这段评论中,还是在四十年后他为《数学百科全书》所写的长文中,邹腾都没有提及自己当时的研究。事实上,在收到沙勒的论文后不久,他就向丹麦皇家科学院递交了一份关于二次曲面的手稿,他把论文装在一个密封的信封里,并附上了说明:在沙勒发表他所承诺的论文之前,不得打开信封。这充分显示了邹腾的谦逊以及对沙勒的尊敬。后来人们发现,邹腾的结果远远超过了沙勒的结果。

邹腾面对优先权问题所表现出来的无私和平和也是令人钦佩的。1873年,邹腾对平面四次曲线做了深入研究,发现一般四次平面曲线的24个拐点中至多只有8个是实的。1875年,德国大数学家菲利克斯·克莱因推广了这一结果:一般n次平面曲线至多有$n(n-2)$个实拐点,正好是总拐点数的1/3。克莱因给出这个结果的时候,并没有提到邹腾先前的工作。对于这件事,邹腾并没有懊恼;相反,他感到很高兴,因为自己的研究有了进一步的发展。

作为传记作者,邹腾的措辞有很高的技巧,对人的批评丝毫不含贬低意味。沙勒曾用拉丁谚语"无母的雏鸟"来形容笛卡儿的《几何学》,邹腾对此提出了异议。他认为笛卡儿的思想实际上来源于别的数学家,特别是费马。对此,他写道:

> 沙勒的赞扬并不过分。确实,笛卡儿的思想超越了他的前人,并且渗入到了更广阔的领域,标志着数学发展新时期的来临。但是,沙勒的表述似乎完全误导了我们。

1925 年,邹腾的两位学生为庆祝与老师二十五年后的重聚写了一本书,其中回忆了邹腾在大学教书时的情形。学生汉森回忆说,邹腾先生既不善于辞令也不风趣,但却是一位友善、慈祥的老人。他对自己的专业和听众都表现出了无比的热情与兴趣,他总是尽可能地把课讲得清晰又有教育意义。他谦逊,不摆架子,学生常常能从他那里得到一些中肯的建议和指导。与今天的大学教授截然不同,邹腾担任几乎所有数学专业课程的教学工作,伴随着每一个学生的成长,他还常常帮助学生找工作。丹麦工学院学生哈特曼觉得邹腾说起话来不会中断,几乎都在结巴,但与他所流露出来的对数学的热爱相比,这一缺点显得微不足道。他对自己要求很高,有一次他不满意自己上的课,就当场在学生面前做自我批评,承诺以后绝不会有类似的事情发生。

他的教授职务继承者玻尔 60 岁时回忆起自己 1904 年左右在丹麦工学院听邹腾的数学课，写道：

> 正是邹腾教授这位杰出的科学家和特别慈爱的大好人，对我们这些学生产生了最为深刻的影响。邹腾算不上是一位出色的演讲者，因为他常常要用很长很复杂的句子来表达自己的意思。虽然年事已高，但对于教新生，他依然表现出浓厚的兴趣。同时，他也十分尽职，总是亲自批阅布置给我们的作业，也知道怎样给我们写一些富有启发性的评论……记得有一次，在我的一组练习后面，留下了他那独特的笨拙的笔迹：通过不同的坐标系，用多种方法来解同一个问题，这也许很有启发性，但你要记住，坐标系本身只是一种工具而已。

邹腾不仅对丹麦工学院数学专业的学生，而且也对土木工程专业的学生产生了巨大的影响。如后来成为工学院名师的奥斯登夫德即为其中之一。

邹腾深受学生和同事的尊敬与爱戴，在他 70 岁生日时，他们送上一本纪念文集。八十华诞，他们把他的肖像制成一枚纪念章，并举办了数学界的庆祝会。邹腾自比《圣经》中站在圣山上的摩西，俯瞰应许之地，心中充满着满足与喜乐。在学术界之外，他也备受尊崇，曾先后于 1880 年、1898 年和 1910 年被丹麦国王授以丹麦国旗骑士勋章、丹麦二级国旗骑士勋章和丹麦一级国旗骑士勋章。

关于邹腾的逝世时间，有两份杂志曾错误地宣布为1919年2月15日。一是《美国数学会公报》，一是《数学教学》（法国）。前者在6月做了纠正，解释说15日那天是庆祝邹腾八十华诞，也遥祝他快乐。后者解释说，他们只是转载了前者的报道，很高兴获悉邹腾还健在。对于提前宣布自己逝世消息的这两家杂志社，邹腾将自己刚在科学院院刊上发表的论文《论代数的起源》作为礼物寄给了他们，邹腾的风度和胸襟令世人折服。1920年1月5日，邹腾做完每天例行的散步之后，突发心脏病，于第二天早上平静地离开了人世，享年81岁。

他被安葬在哥本哈根最大的墓地——阿西斯顿公墓。安葬在附近的名人还有物理学家和化学家奥斯特、童话作家安徒生，以及数学家哈那德·玻尔和他的哥哥、物理学家尼尔斯·玻尔。

邹腾的去世使丹麦学界陷入巨大悲痛，法国数学界也为失去这样一位伟大的数学家和数学史家而深感痛惜。皮卡尔为此在《法国科学院院刊》上为邹腾撰写了讣告，对邹腾做了高度评价：

> 在他身上闪耀的是智慧的光芒，体现的是人类纯朴与美好的品质。他将一生的时间都奉献给了科学和他的家庭。法国人民从此失去了一位忠诚的朋友以及一颗对法国的挚爱之心。

1989年7月30日到8月6日，为纪念邹腾150周年诞辰，哥本哈根大学数学研究所举办了邹腾研讨会，与会数学家们一起追溯当代数学有关领域与邹腾研究的渊源关系。此前近十年间，代数几何学家们重新考察了邹腾曾经的研究工作，从中获得了许多灵感。随着研究的深入，人们越来越感觉到邹腾先前工作的重要性，这一点也更加彰显了他的数学才能。

邹腾在数学以及数学史领域筚路蓝缕、辛勤开拓、硕果累累。虽然他没有创立什么学派，但他对丹麦数学以及丹麦的大学数学教育产生了深远的影响。斯人已逝，风范长存。他为后世留下了宝贵的精神财富，人们永远怀念他。

（作者：赵瑶瑶　汪晓勤）

塞缪尔·艾伦伯格

从华沙走向世界的数学家

塞缪尔·艾伦伯格

(Samuel Eilenberg, 1913—1998)

塞缪尔·艾伦伯格是美籍波兰裔数学家,他是杰出的形式主义者,继承了希尔伯特、诺特、阿廷的衣钵,支持公理化统一论。艾伦伯格善于与其他数学家合作,他与斯廷罗德一起和嘉当携手开创了同调代数的新篇章。1936年和1958年,艾伦伯格先后应邀在奥斯陆和爱丁堡国际数学家大会上做分组报告和大会报告,特别地,他还是1986年沃尔夫数学奖的获得者之一。在拓扑、代数、范畴论、理论计算机科学等领域,艾伦伯格的数学思想影响了一代数学家。这样一位传奇数学家,他的经历值得我们深入发掘,使其数学思想影响到当今更多的青年学者。

一、出道华沙的后起之秀

艾伦伯格1913年9月30日出生于波兰华沙(俄罗斯帝国时期)的一个犹太家庭。父亲从小在犹太学校接受教育,是学校里最出色的学生,本该成为学者。母亲是镇上造酒商的女儿,父亲因为结婚而成了啤酒制造商家族的一员。

第一次世界大战改变了欧洲的政治格局。波兰的三个瓜分国——俄国、德国和奥匈帝国,在旷日持久的战争中先后崩溃。根据《凡尔赛条约》,东欧一些国家纷纷独立。1918年,被称为"波兰拿破仑"的毕苏茨基走出德国监狱,成为波兰的国家元首,统揽全国大权。建国前，波兰文化教育落后，俄占区文盲占全体居民的65%。毕苏茨基上台后颁布义务教育法令，规定 7 岁至 14 岁学龄儿童免费入七年制小学，政府还制定了发展高等学校的计划。教育事业开始逐渐发展，年少的艾伦伯格就是在这样的背景下接受教育的。中学毕业后申请进入华沙工业大学，1930 年转入华沙大学的数学与自然科学系学习。

华沙大学是波兰 1918 年建国时仅有的三所大学之一。另外两所是利沃夫大学与克拉科夫大学，其余皆为专门学院。艾伦伯格入学时，华沙大学在数学方面的实力十分雄厚，是波兰的数学中心。谢尔宾斯基、马祖尔凯维奇、库拉托夫斯基、博苏克等一批波兰著名数学家都先后任教于此，他们被国际数学界称作"华沙学派"，主要从事集合论、数理逻辑与拓扑学的研究，还创办了著名的期刊《基础数学》。由于集合论与拓扑学的紧密联系，集合论式拓扑学在华沙大学十分流行。艾伦伯格听了克纳斯特讲授的集合论，班上只有他一人能完成所有作业，因此艾伦伯格早期的学术兴趣主要在点集拓扑学。

艾伦伯格与博苏克亦师亦友，博苏克作为助教指导实分析练习时发现了他的数学才能。每当博苏克从国外访学归来，艾伦伯格就迫不及待地向他询问国外数学的发展情况，博苏克研究代数拓扑学时，他也跟着学。1934 年，艾伦伯格在华沙大学取得硕士学位后在库拉托夫斯基和博苏克的指导下继续学习，博苏克则是他实际上的老师并给了他很多灵感。艾伦伯格 1936 年发表在《基础数学》上的博士论文就是在博苏克的研究基础上完成的，填补了集合论式拓扑和代数拓扑之间的一些缺口。这篇关于平面拓扑的论文在波兰和美国数学界都得到了好评。

那时身在荷兰的著名波兰犹太数学家胡列维茨每年都会回华沙，给予了艾伦伯格很多帮助与支持，是后者在代数拓扑上的启蒙者，他们之间交流数学。艾伦伯格一直保留着胡列维茨祝贺他取得成果时的回信，他钦佩并追随胡列维茨的数学思想，深受其同伦论论文的影响。艾伦伯格将其中五篇论文装订在一起多次重读。

波兰当时另一个数学中心是利沃夫，在那里艾伦伯格结识了领导"利沃夫学派"的巴拿赫。利沃夫学派以斯泰因豪斯和巴拿赫为代表，主要从事泛函分析的研究，还创办了后来国际知名的泛函分析杂志《数学研究》。艾伦伯格很快融入了这个数学团体，并在他们的聚集地——苏格兰咖啡馆里工作和畅饮，还在后来闻名于世的《苏格兰数学问题集》上贡献了 6 个数学问题。[1] 咖啡馆里的学术气氛异常浓郁，他们不断地提出、研究、争论数学问题，记下思想的火花。交谈再交谈，而非闭门读书，是艾伦伯格一贯遵循的研究方式，后来艾伦伯格的多数研究都是与他人合作完成的。

1935 年莫斯科拓扑学大会之后，拓扑学迎来了发展的黄金时

---

[1] 苏格兰咖啡馆只是名字取为苏格兰而已，并非指其地理位置。这里聚集了波兰的一群数学精英，巴拿赫放在店内的大笔记本，记录了他们提出的数学问题，现已成为著名的《苏格兰数学问题集》，收入了从 1935 年到 1941 年期间在苏格兰咖啡馆历次聚会中提出的总共 193 个数学问题，问题 133—138 是由艾伦伯格贡献的。问题集涉及泛函分析、无穷级数、实变函数论、拓扑学、概率论、测度论、群论等领域。

期。对于刚刚博士毕业的艾伦伯格来说,亚历山大、布劳威尔、霍普夫以及胡列维茨等一流拓扑学家的文章大大拓宽了他的视野,艾伦伯格也在尝试使他的研究变得代数化。在波兰求学时期,虽然艾伦伯格的许多文章都是关于一般拓扑学的,但其实他已经顺应了拓扑学的发展趋势。1939年艾伦伯格在《数学基础》上发表的一篇有影响力的文章《空间的基本群与高维同伦群之间的关系》,探讨了基本群对一个空间高维同伦群的作用,这表明艾伦伯格熟悉代数学是如何在拓扑学中应用的。这篇文章也是艾伦伯格转向代数拓扑学的标志。深受波兰拓扑学家的言传身教,艾伦伯格逐渐成长为波兰年青的一代数学家中的佼佼者,从1930年上大学开始到1939年离开波兰前往美国为止,他一共发表了37篇文章。

两次世界大战之间的二十年,是波兰数学从兴起到繁荣的黄金时代,这期间波兰数学家给世界数学带来的巨大影响一直持续至今。但第二次世界大战使波兰数学界失去了一代天之骄子,有的遭到纳粹迫害,相继弃世,和勒雷共创勒雷-绍德尔不动点定理而闻名的绍德尔死于纳粹盖世太保屠刀之下;有的为逃避战争劫难,飘零异国,访问哈佛大学的乌拉姆不得不继续留在美国;巴拿赫在研究所里喂虱子,战后在肺癌的痛苦中死去。波兰数学因此也失去了以往的辉煌。

二、彰显才华的美国时期

移居美国并非偶然之举。艾伦伯格在1936年的奥斯陆世界数学家大会上与莱夫谢茨和胡列维茨相遇,二人建议他先访问欧洲,后移居美国。1938 年艾伦伯格收到莱夫谢茨的来信，表示得到怀尔德的同意并计划邀请他去密歇根大学。[1] 波兰的日渐危险加速了艾伦伯格离开的脚步。在父亲的劝说下，艾伦伯格 1939 年 4 月离开波兰，中途访问怀特海德，后于 4 月 27 日到达纽约。胡列维茨和莱夫谢茨的学生沃尔曼开车带着艾伦伯格到了当时的世界数学中心普林斯顿。在维布伦和莱夫谢茨的帮助下，1940 年他进入了密歇根大学。艾伦伯格是一个性格外向、思维敏捷、易于接受新事物的人，通过坐便车长途旅行，他立刻融入了美国的生活；在数学上，他很快结识了当时活跃的数学家团体，大家亲切地称他"塞米"——塞缪尔的昵称。

密歇根大学对艾伦伯格在美国开始数学研究来说是一个极好的平台。怀尔德就职于安娜堡，安娜堡市成立于 1824 年，是美国密歇根州第六大城市，密歇根大学于 1837 年从底特律搬至此地，成为安娜堡的一张名片，除校本部安娜堡外，还有迪尔伯恩和弗林特两个分校。怀尔德一手把密歇根大学打造成了当时美国拓扑学研究的一个中心，在那里艾伦伯格能与一流的拓扑学家相互交流。博特、扎梅尔松等人也都先后在这里工作，艾伦伯格还与米勒、哈罗德、蒙哥马利一起研究。由于他出色的工作，在密歇根大学的几年时间里艾伦伯格的身份也从最初的学生变为讲师，并一路晋升到助理教授

---

[1] 艾伦伯格在回忆胡列维茨的文章中表示，虽然早已取得博士学位，但他是以学生的名义被邀请的。这可能是因为在战争随时可能打响的波兰，相比于移民签证，这样操作更容易得到波兰护照和美国方面的签证。

和副教授。更重要的是，安娜堡无形中为艾伦伯格与其后来的两个主要合作者完成了牵线搭桥。

艾伦伯格在密歇根大学遇到了前来做系列演讲的麦克莱恩。自此从 1941 年到 1955 年，他们一起完成了多篇著名的文章，涉及了许多主题，包括泛系数定理、函子、范畴、自然变换、群的上同调、同调群与同伦群之间的关系、艾伦伯格－麦克莱恩空间……最大的发现也许是范畴论，这解决了代数拓扑学的迫切需要，并传播到了许多数学分支中。合作在第二次世界大战期间依旧继续，艾伦伯格和作为指挥的麦克莱恩来到纽约，在哥伦比亚大学为国防研究委员会下设的应用数学组工作，一起研究机载火力控制问题。二人多年合作中的成果被收录为《艾伦伯格－麦克莱恩选集》。

斯廷罗德曾经在密歇根大学学习，并于 1942 年返回安娜堡任教。艾伦伯格与他在 1952 年出版的划时代著作《代数拓扑学基础》中阐述了同调和上同调公理，完成了严格的证明。麦克莱恩曾表示：

> 那时有许多关于同调论的不同和混淆的说法，有奇异的，有胞腔的。此书使用范畴论说明它们全都能当作从空间偶的范畴到群或环的范畴的满足像"切除"这样适当的公理的同调函子概念来描述，感谢塞米的眼光和热情，这本书极大改变了拓扑学的教学。

1945—1946 年间，艾伦伯格在普林斯顿大学任客座讲师。1946 年 12 月举办的庆祝普林斯顿大学成立 200 周年活动中，以"数学问题"为名举行了一次学术会议,这次会议拓扑环节的参与者提交了大量未解决的问题,艾伦伯格将问题汇总,起草完成了一篇著名的文章《论拓扑学中的问题》,发表在《数学年刊》上。他在1946年被任命为印第安纳大学的正教授。一年之后,艾伦伯格转去纽约接过哥伦比亚大学的教职,后来他加入了美国国籍,并有了一段维持了九年时间的婚姻。

哥伦比亚大学数学系在那时规模不大但却群星荟萃,拓扑、代数几何、复分析等方向的研究十分活跃。年长的一代有系里拓扑学研究先驱保罗·史密斯,以类域论、李群和代数几何研究著称的布尔巴基巨匠谢瓦莱,以及洛尔希和科尔钦等人;年轻的一代有拉马努扬之后印度最出色的数学家钱德拉,后来著作颇丰的朗,以及仓西正武等人。另外,1964年到来的伯斯,1966年获得菲尔兹奖的斯梅尔,1970年获得菲尔兹奖的广中平祐,以及施密德也曾先后在此任教。

莱夫谢茨的学生、曾经在1945—1951年间担任哥伦比亚大学数学系主任的史密斯,在将艾伦伯格引进哥伦比亚大学数学系的过程中发挥了重要作用。艾伦伯格后来于1957—1963年和1982—1983年两次担任了哥伦比亚大学数学系主任。他的到来为该系的拓扑学以及新兴的范畴论注入了活力。他是一位能够给人以灵感的教师,前后培养了18位博士研究生。特别是在与范畴论有关的领域,在哥伦比亚大学围绕艾伦伯格逐渐形成了一个"范畴论小组",并影响了一批青年数学家从事范畴论研究,其中包括赫勒、布克斯鲍姆、卡恩、劳威尔、蒂尔尼、贝克等。艾伦伯格的这些学生是范畴论由默默无闻到繁荣发展过程中的关键性人物。另外，在哥伦比亚大学任教的巴尔后来也将研究兴趣放在范畴论上，格雷于 1959—1962 年担任哥伦比亚大学里特讲师时转向了范畴论研究，洛尔希的学生林顿也对艾伦伯格的范畴论感兴趣。

值得一提的是，我国著名数学家陈国才在群论和三维球面中的链环、形式微分方程以及累次积分和同伦理论上做出了突出贡献，他是艾伦伯格最早的博士生。1946 年陈国才从西南联合大学毕业后，在中央研究院做助理研究员时得到陈省身的推荐，到印第安纳大学在艾伦伯格的指导下学习，后追随艾伦伯格来到哥伦比亚大学攻读博士。

1974 年，哥伦比亚大学授予艾伦伯格"校级教授"这一最高荣誉，他在数学系一直工作到 1982 年退休。

三、布尔巴基的"双非"数学家

1945—1946 年度的布尔巴基讨论班上，有关代数拓扑部分，布尔巴基的骨干嘉当和埃雷斯曼就已经开始研读艾伦伯格在《数学年刊》上发表的多篇论文了。1946 年 6 月 8 日至 6 月 19 日，布尔巴基在斯特拉斯堡举办的一次会议上，正式通过了将艾伦伯格吸纳为布尔巴基新成员的决议，并于 1948 年 6 月 21 日在法国南锡以布尔巴基的名义向艾伦伯格寄去了一封通知函，告知韦伊将与他接洽。那时布尔巴基的核心成员韦伊正在芝加哥大学工作，联系了已经转入哥伦比亚大学数学系工作的艾伦伯格，邀请他参加了布尔巴基在 1950 年 10 月举行的会议。

几乎所有的布尔巴基成员都是法国巴黎高等师范学校的毕业生，缺乏这种法国文化背景的人很难通过"豚鼠"般的测试进入布尔巴基。艾伦伯格这种"双非"数学家是极少数的存在：他既没有法国国籍，也没有经历过巴黎高等师范学校的系统培养。但艾伦伯格在波兰的时候就学会了法语，早期他的大多数文章也都是用法语发表的，并且在博士毕业后，他曾于1936—1937学年在庞加莱研究所访学，这些也许是他能加入布尔巴基的外在因素。1950年艾伦伯格得到了约翰·西蒙·古根海姆纪念基金会的支持，并获得了1950—1951学年傅尔布莱特奖，以客座讲师的身份在巴黎大学访问期间，通过了布尔巴基小组的考验成为其中一员。据原始档案的不完全统计，艾伦伯格参与了布尔巴基工程中代数拓扑部分多个项目的撰写和讨论，涉及了同调、同伦、纤维空间等。嘉当曾回忆起艾伦伯格在布尔巴基工作时的情形："他参加持续两周的夏季会议，他令人赞美地知道如何提出他的观点并常使我们同意他的观点。"

艾伦伯格与布尔巴基的合作既有嘉当所说的愉快，也有一定的遗憾，遗憾主要表现在以韦伊为首的一些布尔巴基数学家对范畴论的态度。布尔巴基学派所著的《数学原理》主要是以"数学结构"（以集合的概念为基础）来重新解读同时代的数学，对已有数学分支完成了深入的阐释和重组，艾伦伯格的拿手好戏"范畴论"却是个特例。范畴论在20世纪中叶兴起，布尔巴基学派似乎看到了它的前景，考虑了将它纳入"数学结构"的可能性。50年代的《部落》（布尔巴基群体会议记录的内部通讯）就记录了反复出现编写同调代数和范畴论章节的想法及其接二连三的讨论。艾伦伯格撰写《代数拓扑学基础》和《同调代数》的同时，就曾于 1951 年被多次委托为布尔巴基准备同调代数和范畴论的相关内容以备讨论，但当"范畴"与"结构"在布尔巴基相遇时，他却发现：

> 函子和范畴的方法似乎与已经发展起来的结构方法之间存在竞争，除非这种竞争以只有一种方法在早期出现的方式解决……解决这种竞争的唯一可能是定义"结构化同态"……但这却需要对现有的结构概念进行严重的修改，这样就使得本来已经很复杂的结构概念变得更加复杂，尽管我乐意尝试，但还无法找出一个能够普适已存在的特殊例子的一般定义。

韦伊曾与谢瓦莱通信，商讨过使用范畴概念的问题，还提及了他当时在芝加哥大学的同事麦克莱恩的一些观点。麦克莱恩在 1954 年就曾被邀请参加了布尔巴基的一次内部会议，企图说服布尔巴基接受范畴论处理数学问题的方式，但没有成功。

布尔巴基确实有意采纳范畴论的语言，但是却发现放弃战前确立的基本概念"结构"是十分困难的，向范畴论转变就意味着要修改《数学原理》之前已经完成的所有章节。卡蒂埃认为：

> 布尔巴基完全可以谈到范畴而不必真正明讲出来。假如他们要重新编写专著，那将不得不从范畴论开始，但这样的话关于如何调和范畴论与集合论仍然会有很多尚未解

决的问题。

并且将"结构"与"范畴"这两种方式结合似乎是对布尔巴基哲学的三大要素——数学的统一性、公理化与结构观念的一种削弱。卡蒂埃、谢瓦莱、艾伦伯格、格罗滕迪克以及麦克莱恩是支持范畴论的,但韦伊则不赞成,他以更为谨慎的态度对待范畴论。艾伦伯格去世后,他的大量数学文章、私人信件以及档案存于哥伦比亚大学,其中就发现了一份如何将范畴论介绍进《数学原理》的报告,以及一份涵盖了部分由布克斯鲍姆和格罗滕迪克发展的阿贝尔范畴理论的同调代数手稿。但最终范畴论并没有得到布尔巴基的垂青,没有被纳入多卷的著作中,格罗滕迪克因此一气之下退出了布尔巴基:他的代数几何需要范畴论。

月有阴晴圆缺,任何著作不可能无限地与时俱进,这就导致了其局限性。列举布尔巴基著作的一些缺点并非难事:微分几何与硬分析难以结构化、数理逻辑内容过时、范畴论弃之不用、概率论与随机数学的不当处理、对数学物理丰富内涵的无知等。即便如此,布尔巴基将基础数学的大部分内容以"结构"的方式处理,又把结构分为序结构、代数结构和拓扑结构,这在当时是相当先进的,并且结构数学仍将是未来数学发展的基础之一。

艾伦伯格在布尔巴基工作了十五年,直到1966年离开。他离开布尔巴基的原因之一是年龄,为了使布尔巴基的事业永葆青春,韦伊提出成员到50多岁必须退休,艾伦伯格那时已经53岁。但退休并不意味着他完全脱离了集体,因为他仍会收到《部落》。

四、奠定声誉的三个领域

艾伦伯格学术生涯的核心研究工作主要集中于 1939—1966 年，涉及奇异同调、单纯集、零调模型、群的同调与上同调、范畴论、代数拓扑学的基础、同调和同伦群之间的关系、艾伦伯格－麦克莱恩空间、同调代数、艾伦伯格－穆尔谱序列等方面。

1. 代数拓扑学

同调和同伦理论是代数拓扑学的两大支柱。20 世纪 30 年代左右，爱米·诺特、阿廷等人的工作建立起抽象代数学的大厦，爱米·诺特 1926 年的著名论文第一次提出用群来解释同调论。自此同调论转而研究同调群、同调模等对象，代数的渗透使得拓扑研究集中在代数拓扑学。1935 年，为交流这一阶段激增的拓扑学成果而召开的莫斯科拓扑学大会更是将代数拓扑学推向高潮。库拉托夫斯基和博苏克也参加了这次大会，深受博苏克影响的艾伦伯格也是由此开始逐渐向代数拓扑学的研究靠拢。

1939 年 4 月 25 日艾伦伯格向《数学年刊》提交了论文《上同调和连续映射》，这是他来到美国以后的第一篇论文，是早期作品的后续结果。惠特尼采用上同调以表述同伦分类，推动艾伦伯格在这篇论文中建立了阻碍理论，给出了阻碍理论中一个特例的准确描述。

1940 年密歇根大学的拓扑学会议是莫斯科拓扑学大会之后拓扑学界的又一次聚会，由于第二次世界大战的影响，参与者多为美国本土数学家。艾伦伯格报告的文章《连续映射的扩张和分类》以简洁的形式阐述了连续映射扩张阻碍的所有基本性质，修正了惠特尼等人有效但模糊的想法，艾伦伯格的表述使得不同形式的阻碍理论有了统一标准。

麦克利里曾这样评论艾伦伯格在同伦论中的阻碍理论上的工作：

> 上同调和同伦群的组合是艾伦伯格开创性工作的核心，这给出了映射扩张的一般性阻碍理论……霍普夫不变量、霍普夫和惠特尼的分类定理等想法全部被艾伦伯格的一般性方法囊括了。

追求数学背后的清晰结构是艾伦伯格的研究风格，他的《奇异同调论》给出了今天依然在使用的奇异同调和连续复形清晰直接的定义，修改了莱夫谢茨1933年的文章中奇异单形定义的缺点。文中退化算子的使用预示了我们今天使用的单纯集概念，为奇异同调打下了坚实的基础。

陈省身在20世纪40年代指导我国青年数学人才时，所列的论文研究表中就有以上提到的艾伦伯格的多篇论文，这足以证明艾伦伯格的论文在当时影响之大。

当时，同调论的各种形式层出不穷，有切赫的、菲托里斯的、亚历山大的……根据不同的空间类定义了不同的同调和上同调群。艾伦伯格和斯廷罗德将这些同调理论中共有的某些基本性质加以总结，在《同调的公理化方法》中给出正合、同伦、切除、维数等公理，即同调理论的公理系统。此文酝酿了两人之后的经典著作《代数拓扑学基础》(1952)，书中详细论述了在有限单纯复形偶的范畴上怎样从公理出发把同调群完全决定出来，抓住了同调群的本质属性，标志着同调论走向成熟。这本书是当时拓扑学所急需的教材，解决了同调论浑浊不清的困境。

《代数拓扑学基础》的成功与使用范畴语言密切相关，书中第Ⅳ章"范畴与函子"阐释了范畴、函子及相关概念。这些概念所形成的思想主宰了整本书的写作，在后续章节解释唯一和存在性定理时也得到了体现。斯廷罗德强调了"范畴"和"函子"概念的重要性，并表示相比于其他人的文章，艾伦伯格－麦克莱恩在范畴论上的文章对他有显著的影响：其他文章只提供结果，唯独这篇文章改变了思考的方式。

2. 范畴论

艾伦伯格与麦克莱恩的合作，源自1941年麦克莱恩来密歇根大学做的六次以群扩张为主题的"兹维特讲座"。他计算了在 G 是 p 进整数的加法群情况下的阿贝尔群扩张的群，即群。艾伦伯格发现麦克莱恩的计算方法恰好解决了斯廷罗德关于 p 进螺线的同调群计算。这个代数和拓扑之间神秘的联系，实际上涉及了空间的整同调群和上同调群（系数在阿贝尔群上）之间的关系。艾伦伯格擅长拓扑，麦克莱恩精通代数计算技巧，两人的才能也因为合作而得以充分发挥。为了弄清表象背后的本质，两人花费了十四年的时间（1941—1955），陆续共写了15篇文章（见表1），他们把这些文章比作乐曲，并且编号作品Ⅰ到作品ⅩⅤ。

表 1 《艾伦伯格-麦克莱恩选集》中摘录的作品 I 到作品 XV

代号	名称	时间	类别与内容简介	出处
I	Group extension and homology	1942	上同调泛系数定理，函子Ext，解决斯廷罗德的问题	Ann. of Math.
II	General theory of natural equivalences	1945	自然变换、函子、范畴等基础概念	Trans. Amer. Math. Soc
III	Relations between homology and homotopy groups of spaces	1945	非球面性空间的上同调群是基本群的上同调群。引入艾伦伯格-麦克莱恩空间	Ann. of Math.
IV	Cohomology theory in abstract groups，I	1947	群的上同调	Ann. of Math.
V	Cohomology theory in abstract groups，II：Group extensions with a non-abelian kernel	1947		Ann. of Math.
VI	Algebraic cohomology groups and loops	1947		Duke Math. J.
VII	Cohomology and Galois Theory，I：Normality of algebras and Teichmüller's cocycle	1948	初探代数数论与类域论之间的联系，没有深入研究	Trans. Amer. Math. Soc
VIII	Homolopy of spaces with operators，II	1949	由艾伦伯格-麦克莱恩空间得出许多更一般空间的思想	Trans. Amer. Math. Soc
IX	Relations between homology and homotopy groups of spaces，II	1950		Ann. of Math.
X	Homology theories for multiplicative systems	1951	Generic acyclicity	Trans. Amer. Math. Soc
XI	Acyclic models	1953	零调模型方法	Amer. J. Math.
XII	On the groups H（Π，n），I	1953	艾伦伯格-麦克莱恩空间的同调群和上同调群的显式计算	Ann. of Math.
XIII	On the groups H（Π，n），II	1954		Ann. of Math.
XIV	On the groups，III：Operations and obstructions	1954		Ann. of Math.
XV	On the homotopy theory of abelian groups	1955	Generic acyclicity	Canad. J. Math.

这 15 篇作品当中的 II——《自然等价的一般理论》十分经典，源于两人为了搞清楚某些同构（等价）的"自然"变换的精确含义，它公理化地系统论证了两人 1942 年发表在《美国国家科学院院刊》上的预告论文里介绍过的函子、范畴和自然等价等一连串的新概念。犹如多米诺骨牌一般，他们发现在考虑切赫上同调的泛系数定理时需要自然变换的概念（函子的自然等价是一种特殊的自然变换），自然变换需要函子的概念，函子需要范畴的概念。简单说来：一个范畴是由一些对象组成的类给出的，对于每个对象对 (A, B)，都存在一个从 A 到 B 的对应（称为态射）的集合。在集合范畴中，对象为集合，而从集合 A 到集合 B 的态射，就是从 A 到 B 的所有映射；在群范畴中，对象为群，而态射为从群 A 到群 B 的所有群同态映射。如图 1、图 2 所示，函子研究的是两个范畴之间的映射，C 和 D 是两个范畴，F 把 C 的每个对象 X 映到 D 的一个对象 $F(X)$，把 C 的每个态射 f 映到 D 的一个态射 $F(f)$，图中满足一定条件的对应关系 F 就是一个函子（协变）。而自然变换则是处理函子之间关系的重要概念，由它可得出有用的可换图。

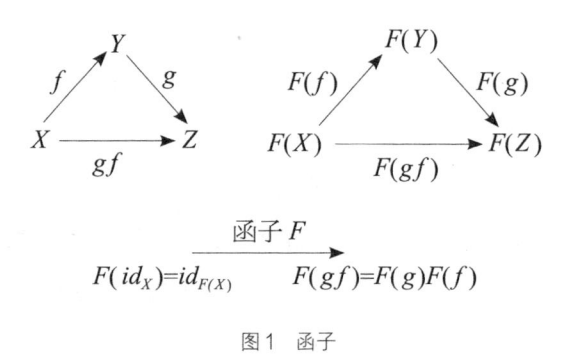

$$F(id_X) = id_{F(X)} \quad\quad F(gf) = F(g)F(f)$$

图 1　函子

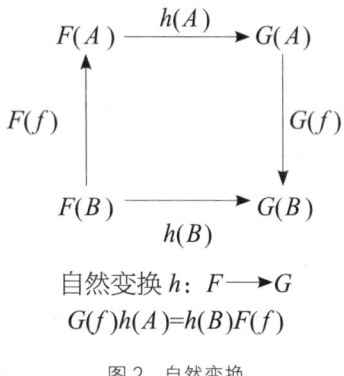

$$F(A) \xrightarrow{h(A)} G(A)$$

$$F(f) \downarrow \qquad \downarrow G(f)$$

$$F(B) \xrightarrow{h(B)} G(B)$$

自然变换 $h: F \longrightarrow G$
$G(f)h(A)=h(B)F(f)$

图 2　自然变换

艾伦伯格和麦克莱恩最初研究代数拓扑时顺便发明的这些简洁的箭头图表和范畴与函子的语言，建立起两类研究对象之间的关联，把我们不熟悉的那类对象转化成熟悉的那类对象去研究，范畴论的出现规范了这种思维方式，使之能得出数学上严格的结论。

艾伦伯格曾认为 1945 年关于范畴的文章会是今后这方面唯一的一篇文章，并且由于过于抽象，范畴和函子的概念起初被认为缺乏具体内容，并没有被同行广泛接受。在艾伦伯格的《代数拓扑学基础》和《同调代数》问世之后，范畴论的语言在 20 世纪 50 年代末迅速扩展，远远超出了他曾经的设想。艾伦伯格的影响也在各个环节中几乎都得到了体现：他在哥伦比亚大学指导的博士生布克斯鲍姆独立于格罗滕迪克完成了阿贝尔范畴的文章；伴随函子方面的决定性文章（1958）由他的博士生卡恩完成，"伴随"二字就是艾伦伯格推荐给卡恩的；他的博士生劳威尔充满创造力的论文将代数理论进行了范畴式描述，并包含了不采用元素处理集合的思想；在艾伦伯格的建议和帮助下，弗雷德的《阿贝尔范畴》和米切尔的《范畴论》在哥伦比亚大学时就开始了写作；艾伦伯格和凯利还一起研究了闭范畴及其相关思想。

值得注意的是，艾伦伯格还把范畴论的方法带入了理论计算机科学，在1974年和1976年出版了两卷书——《自动机、语言和机器》，对于自动机和形式语言理论领域内的几乎所有主要内容，给出了统一的数学描述。其他一些布尔巴基成员在研究中也很好地利用了范畴论，例如戈德门特于1958年将范畴论应用到拓扑学，埃瑞斯曼于1958年将范畴论应用到微分几何，格罗滕迪克与迪厄多内于1960年将范畴论应用到代数几何。

芝加哥大学的梅对艾伦伯格在范畴论上的贡献给出了很高的赞誉：

假如没有艾伦伯格与麦克莱恩在1945年的文章中介绍的范畴、函子、自然变换这些语言，毫不夸张地说，绝不仅仅是代数拓扑，现代数学的许多分支无法想象将会是什么样的。这些语言最终的出现可能是必然的，但这些早期的系统化总结后来被证实是如此持久与恰当，这在当时却并不是必然的。很难想象这种语言在将来的某一天会被取代。

3. 同调代数

范畴论在诸如同调代数、代数 K 理论、模论、环论等分支中都取得了成功的应用，并且同调代数的研究对象基本上就是模范畴以及由模范畴所派生出来的一些阿贝尔范畴。除了布尔巴基,艾伦伯格法国之行的另一个收获就是与嘉当在同调代数上的学术合作。他们系统地运用了"导出函子",通过定义模的投射分解和模的内射分解,掀起了同调代数的"嘉当–艾伦伯格革命"。

　　1947 年,艾伦伯格在拉瓜迪亚机场迎接第一次来美国访问的嘉当,并一直通过信件交流数学。嘉当自第二次世界大战结束以来已经开始对代数拓扑学感兴趣了,他曾经学习过艾伦伯格 1944 年在《数学年刊》上发表的奇异同调理论,并处理给出两个单纯复形乘积的贝蒂数和挠系数的屈内特公式。在法国期间,艾伦伯格参加了嘉当在巴黎高等师范学校关于群的上同调、谱序列和层论的讨论班,在一个系列讲座中解释了他和斯廷罗德完成的同调论公理化,并做了有关谱序列的报告。博雷尔和塞尔也参加了这个讨论班。《同调代数》(1956)一书的诞生起源于两人想把由屈内特公式引发的一些新想法写成文章。艾伦伯格在法国就此与嘉当多次讨论,每次结论可能从讨论中出现时,艾伦伯格就会表现出惊人的才能:他能系统地将其阐述出来。随着新内容的逐渐增加,最终演变成了一本书,他们在 1953 年完成了书的原稿。书名作为一个新兴的术语,是两人一起决定的。嘉当在一次采访中,对这本书及深受艾伦伯格的影响曾解释道:

　　　　我对某些领域感兴趣,比如同调代数,这主要是因为艾伦伯格。我们一起挖掘了这个概念的基本原理。实际上,我们必须为我们的书找个名字,它是关于代数学的,但使用了同调的方法处理代数问题，所以就取名"同调代数"……所有的内容基本都是塞米写的……塞米写了所有的东西，我没写什么。当然，我们有多次讨论，但讨论后都是塞米写下来。我负责用英语改正拼写错误，我虽然不精通英语，但是懂得拼写。与塞米一起工作和讨论总是十分轻松和愉快。

《同调代数》诞生之前的十年里，代数拓扑的方法已从多方面浸入了纯代数学的研究范围，如群的上同调理论构造、李代数的上同调理论构造、结合代数的上同调理论构造就平行且独立地发展着。这本书给出了包含这三方面的统一的上同调和同调理论，在"同调代数"的标题下系统化了代数拓扑学的代数结构，是同调代数的开山之作。直到 1970 年，此书一直是学习同调代数的经典之作。

霍克希尔德认为《同调代数》这本书的出现意味着同调代数的探索阶段已经过去了。这种说法在盖尔芬德和马宁的著作《同调代数的方法》中也得到了印证。他们总结了同调代数的发展史，并将《同调代数》视为同调代数第一阶段发展的终点，给出了"嘉当与艾伦伯格 1956 年的《同调代数》时至今日也没有失去丝毫的重要性"的评价。

五、数学与艺术收藏相得益彰

数学家之中不乏有同时对艺术和数学感兴趣的人。阿廷热爱音乐，吹得一手好黑管；嘉当弹得一手好钢琴；惠特尼具有音乐学士学位……

在数学界大家都叫艾伦伯格"塞米",在艺术品界却称他"教授",他在艺术品收藏界的名声几乎盖过了他在数学界的声誉。1960年的"亚洲艺术品杰作——美国收藏品"展览会上有11件印度和东南亚艺术品雕塑,其中的6件来自著名的公立博物院,另外5件竟是从艾伦伯格那里借来展览的。当展览所需藏品进行筛选时,专家很难想象美国的一位私人收藏家居然有如此高质量的藏品。

艾伦伯格在艺术收藏方面的能力似乎与生俱来。在华沙的少年时代,他就开始追逐邮票和硬币,到美国之后开始专注于海泡石的烟斗。他在1953年的一次孟买数学之旅期间开始对艺术品收藏产生浓厚的兴趣。对亚洲艺术品的追逐与热爱,某种意义上也许是艾伦伯格对严格的数学理念带来的压力的一种释放,毕竟艺术更多是获得精神享受和审美愉悦。从第一次亚洲协会展览开始,凡是涉及印度和东南亚的藏品,艾伦伯格的收藏几乎无一缺席。多年来他收藏的艺术品,价值超过了500万美元,包括尼泊尔、泰国、印度尼西亚、巴基斯坦、斯里兰卡、印度等国的公元前3世纪至17世纪的艺术品。

作为一个藏品颇丰的收藏家,艾伦伯格的收集方法不同于常人只在拍卖会上收购,逛跳蚤市场与古董店的同时他也去遥远的世界各地。他不仅在美国的博物馆鉴赏艺术品中的文化,还多次亲自前往东方的巴基斯坦、印度、印度尼西亚等地的名胜古迹去研究当地博物馆中的藏品,得到了许多虽小但精致神秘的物件。艾伦伯格对印度青铜器感兴趣,并且在这方面颇有研究,有志于改变印度青铜器界杂乱无序的研究。指导艾伦伯格数学研究的美学原则在此也得到了体现，就像对待代数拓扑与同调代数那样，他曾经尝试将鉴别艺术品真伪的过程公理化，还暂定了若干条公理。但艾伦伯格还是买到了赝品，最后失败了。

1987 年，艾伦伯格慷慨地捐赠给纽约大都会艺术博物馆超过 400 件贵重的雕塑艺术品，加上之前从哥伦比亚大学购得的他的收藏中的 24 件雕塑，彻底改变了纽约大都会艺术博物馆中印度和巴基斯坦收藏品以及印度尼西亚青铜器的收藏状况。反过来，纽约大都会艺术博物馆因此通过基础资金和其他人的部分捐赠，筹集了多达 150 万美元的哥伦比亚大学艾伦伯格数学访问教授基金，这对基金项目的持续发展做出了实质性的贡献。艾伦伯格在捐献了大量藏品后，还持续收藏稀有的艺术品，并承诺将大部分捐给博物馆。

艾伦伯格数学上的美学是古典的而非浪漫的，收藏艺术品俨然已经变成了他不变的习惯，一种冲动与执着。似乎他的灵魂需要艺术品的浪漫，一种不同的审美满足感，与严格的数学之美达到平衡。

六、合作双赢的别样人生

20 世纪中叶的数学已经过渡到了现代数学阶段，仿佛一棵硕果累累的大树，枝繁叶茂，比过去任何时期都发展得更快。在研究对象和方法上产生了各分支之间"隔行如隔山"的感觉，这也是为何庞加莱与希尔伯特式的精通数学各个分支的天才现在如此凤毛麟角的原因。现代数学很难再回到欧拉、高斯、伽罗瓦等单枪匹马的英雄主义时代！

艾伦伯格是个十分有品位的数学家，这不仅表现在其对艺术品的鉴赏力上，还表现在其对合作者的选择方面。在波兰，他有四个合作者，包括他的老师博苏克和库拉托夫斯基。在美国，艾伦伯格的合作者不仅仅有麦克莱恩、斯廷罗德、凯利，他还与齐尔伯发展了作为一种新的空间类型的单纯集范畴，并有艾伦伯格－齐尔伯定理；与穆尔引进"微分分次同调代数"和"相对同调代数"，并有艾伦伯格－穆尔谱序列；与戴尔准备了两卷关于一般拓扑学和范畴拓扑学的书（未出版），计划在同伦的背景下重建代数拓扑学；与埃尔戈特完成了《递归性》一书。在法国，还有嘉当和布尔巴基学派的其他成员。艾伦伯格和这些人的合作，重塑了现代数学的许多方面。

综观艾伦伯格的学术生涯，他的前46篇文章里，除了4篇合作文章，其他都是独立完成的，但此后合作似乎成了他数学工作的标志。艾伦伯格同麦克莱恩的合作是从他第47篇文章开始的，学术生涯共发表125篇作品，总共68篇是与其他数学家合作完成的。令人惊奇的是，艾伦伯格数学研究中最重要的成果均诞生于合作之中，这是区别于其他数学家的显著特征。数学研究的灵感往往产生于思维的碰撞之中，对于艾伦伯格来说，独立研究的同时，数学更是一项社会活动。

抓住问题的本质，抛开一切多余的信息——这是艾伦伯格数学哲学的一贯准则。有人曾问艾伦伯格能否使用三支筷子吃中餐，对于如何操作，艾伦伯格回答道："首先拿起三支筷子，然后将其中的一支筷子放到桌子的一边，最后使用剩下的两支筷子。"他对待数学亦是如此，艾伦伯格的数学强调条理，反对装饰，要求清晰，多次的公理化处理手法恰恰印证了他的数学哲学。

在艾伦伯格的数学世界里，数学研究本该是探索支配数学的基础原理，在于简洁地阐明问题背后内蕴的数学结构，复杂晦涩对他来说就是没有理解的记号。艾伦伯格的数学生涯无数次遵循着同样的步骤：将问题挖掘得深些，再深些，直到把每个问题挖到底。昂首阔步间思考数学时的灵光一现，时常伴随着他那孩子般的笑容和眼中闪烁的光芒。

与数学世界的未解之谜搏斗了六十六年之后，1996年年初艾伦伯格中风了，说话变得很困难，但他依然乐观地对待生活。在同事们去看望他时，他的思维依然活跃，想告诉大家他仍在思考却没有彻底理解的问题。在顽强地与病魔对抗了两年后，艾伦伯格于1998年1月30日在纽约去世了，《纽约时报》刊登了他的讣告。

艾伦伯格是现代数学伟大的设计师，如其学生赫勒说的那样：就像 G. 康托尔发明集合论一样，艾伦伯格的数学思想已经改变了我们思考数学的方式。

(作者：张　勇　邓明立)

雷科德

英国第一个数学教育家

雷科德

(Robert Recorde,1510—1558)

在威尔士西南海岸线上，有一个风景如画的旅游胜地——腾比镇，美丽的沙滩，湛蓝的海水，对热爱大自然的人有着极大的吸引力。但对于热爱科学史的人们来说，该镇教区教堂的一座墓碑，也同样吸引眼球。墓碑上刻着以下文字：

> 纪念罗伯特·雷科德，杰出的数学家。1510年出生于腾比，是代数、算术、天文、几何最早的英文著作的作者。他还发明了今日文明世界普遍采用的等号"="。罗伯特·雷科德是爱德华六世和玛丽女王的官廷医生。1558年卒于伦敦。

作为16世纪英国最有影响力的数学家和第一个数学教育家，雷科德的生平深受后世数学史家的关注。继19世纪英国数学家德摩根和科学史家、莎士比亚研究专家哈利韦尔之后，20世纪学术界对他的兴趣有增无减，直到20世纪90年代，还有西方学者在研究雷科德。国内数学史和数学教育界对这位在英国数学教育史上取得许多项"第一"的学者知之甚少。

一、乱世里的悲剧人生

雷科德于1510年出生于威尔士彭布鲁克郡的腾比，1531年毕业于牛津大学。他在牛津大学求学之日，正是宗教改革开始之时。同年，雷科德当选为万灵学院研究员，开始教书、学医，并对古董、古文献产生爱好。1533年在牛津获准行医。后来，雷科德离开牛津大学去了剑桥大学，于1545年获得医学博士学位。很可能在剑桥期间，他做了政客理查德·沃雷的一个孩子的家庭教师，《艺术基础》（1543）就是这个时候完成的，其初版即题献给沃雷。离开剑桥大学后，他先是回到了牛津，之后去伦敦行医。

1547年1月28日，亨利八世去世，年仅10岁的爱德华六世即位，其舅父萨默塞特成为摄政王。翌年7月，伦敦谣传爱德华六世夭亡。原来，一位名叫艾伦的江湖术士在伦敦行骗，此人自称能测算寿命、预知未来，伦敦人都叫他"先知"，若在中国，该叫"半仙"了。一些天主教徒怂恿艾伦测算狂热信奉新教的爱德华六世的寿命。这位"先知"测算的结果是，爱德华已经死亡，消息不胫而走，不久即传到宫廷中。于是，宫廷下令逮捕散布谣言者。国王卫士、新教徒昂德希尔抓到了艾伦，将其带到摄政王处。于是，江湖术士被投入伦敦塔囚禁。摄政王致函枢密院的约翰·马卡姆爵士，让他物色一位博学之士来审查艾伦。于是，马卡姆派人请来了在伦敦行医的雷科德。艾伦曾夸下海口：他所知道的天文学知识比牛津大学和剑桥大学的任何一个人都要多。经过审问，雷科德发现艾伦并不懂什么天文学，也没有其他学问，不过是个江湖术士而已。从这件事可以看出，此时的雷科德已很博学，在伦敦很有名气。可能就在这一年，他成了宫廷医生。同年，他出版了一部医学专著《尿液》。

1549年1月，雷科德被任命为布里斯托尔造币厂的审计员。不久，萨默塞特倒台，雷科德站在这位摄政王一方，拒绝将供爱德华六世专用的资金用于约翰·拉塞尔和威廉·赫伯特在西部平叛的军队，理由是那并非国王本人的命令。而威廉·赫伯特则是萨默塞特的对手诺森伯兰公爵的支持者。于是，雷科德被赫伯特指控犯有叛国罪，被囚禁于宫中两个月，造币厂因此于1550年春关闭。从此，雷科德与赫伯特（1551年10月成为彭布鲁克伯爵）结怨。随着萨默塞特的倒台，雷科德的赞助人沃雷也失势了，1551—1552年间他两次被投入伦敦塔，直到1553年玛丽即位后才被释放。顺便指出，曾先后任伦敦和达勒姆大主教的另一位数学家汤斯托尔也于1522年因莫须有的谋反罪而被投入伦敦塔。

1551年4月，雷科德任爱尔兰矿藏与货币总检察官，负责韦克斯福德的银矿，兼任都柏林造币厂的技术总监。爱德华六世在位时，英格兰重新开始使用银币，5先令的银币（克朗）就是这个时期发行的（有趣的是，其上的年份首次采用了阿拉伯数码），因此，银矿对于爱德华六世的重要性是显而易见的。由此可见，雷科德是被委以重任的。然而，银矿的工作一开始就很不顺利。雷科德上任不久，不称职、玩忽职守的指控不断传到伦敦：他从法国人那里拿走大量鲸油却不付钱；银矿因"雷科德的渎职"而正在败落；他在开掘新矿井、为矿工提供必需的住房方面拖拖拉拉；他将供应给矿工的肉据为己有，留下最好的，而把余下的卖给他们；他通过贩卖谷物、鲱鱼和海鳕来谋取暴利；他劝手下人不要在英格兰买每双12

便士或 13 便士的鞋子，以使自己的鞋匠垄断市场，以每双 3 先令 4 便士（即 40 便士）的高价出售；他向银矿的德国工头乔金·贡德·尔芬格借钱，事后却不肯还；等等。这些恶劣行径让我们联想到了南宋词人周密笔下的数学家秦九韶。雷科德与德国矿工还在技术上产生了分歧，雷科德抱怨那些德国人缺乏英格兰人和爱尔兰人所拥有的技术。银矿费用巨大，收获甚微。1551 年 11 月 22 日，枢密院致函雷科德，要求他通报银矿的收支情况。直到 1552 年的 2 月底，雷科德才给枢密院递交报告，称银矿每月开支为 260 镑，而收入则不足 40 镑，亏损 220 镑。当时英格兰的财政根本不能承受这样的亏损，加上爱德华六世同时患上了麻疹和天花，到了 1553 年年初又染上肺结核，生命垂危。因此银矿被迫于 1553 年停工，雷科德被召回英格兰。

1553 年 7 月 6 日，年仅 16 岁的爱德华六世夭亡，摄政王诺森伯兰公爵伪造遗嘱，让其儿媳简·格雷（史称"九日女王"）于 7 月 10 日即位，9 日后被玛丽废黜，信奉天主教的玛丽即位。到了 8 月，狂热的新教徒、曾经将江湖术士艾伦捉拿归案的昂德希尔由于与众多天主教徒为敌，如今成了阶下囚，被枢密院投入伦敦的纽盖特监狱，在狱中患上了疟疾。雷科德冒着生命危险，多次来到监狱探视，并免费给他治病，直至康复。雷科德对朋友的忠诚和舍己救人的品德与他的渎职形成了鲜明的对照。

1556 年，雷科德试图在宫廷里再谋个职位，并以造币厂官员的名义对赫伯特提出渎职的指控。看来，雷科德只适合教书做学问，根本不懂宫廷斗争那一套。赫伯特是何等人？他历经亨利八世、爱德华六世、简·格雷和玛丽一世，权倾一时；在残酷的宫廷斗争中见风使舵、老奸巨猾、游刃有余，始终立于不败之地。尽管他也曾参与诺森伯兰公爵的阴谋，但玛丽即位后，他竟能深得这位"血腥女王"及其丈夫菲利普（1556年继承西班牙王位）的信任。雷科德此时无官无爵，其爱尔兰矿藏与货币总检察官的任职偏偏又以彻底失败而告终，更何况他对自己所受到的各种指控也没有提出合理的辩解。他和女王身边的红人斗，岂不是以鸡蛋碰石头？雷科德的指控当然有理有据，但那是一个人人都可能朝不保夕的乱世！彭布鲁克伯爵当然不会放过他。1556年10月16日，他以诽谤罪起诉雷科德。1557年1月，雷科德被判向伯爵支付1000镑的损害赔偿金。雷科德哪里支付得起这笔巨额赔偿金？在他的数学名著《砺智石》末尾，"师"对"生"说自己"经济状况不佳，没有平静的时间来从事教学"，"如果允许我有更长的时间，我会讲完所有这些内容才结束"，这是作者当时窘境的真实写照。不久，他因支付不起赔偿金而被投入监狱。1558年6月，他立下遗嘱，把少量的钱留给自己的四儿五女。不久，雷科德死于狱中。

雷科德是英国都铎王朝时期英国百科全书式的学者，除了数学、物理学、医学和矿物学，他还精通修辞、哲学、风雅文学、历史、宇宙演化、天文学、星占术和音乐。伊丽莎白一世时期著名医生和学者布兰这样写道：

> 从他的语言中，我们可以多么清楚地看出他在艺术和

科学（自然的和精神的）上的博学。作为医学之父，通过《砺智石》和《知识城堡》，他的学问给无知者带来了自由。最终，他自己却身陷囹圄而魂兮归去。他得到了解脱，回到了极乐世界，来到了博学的桂冠诗人中间。他就是雷科德博士。

二、荒漠中的科学绿洲

从前面对雷科德零星事迹的叙述中，我们几乎看不到他参与学术研究的迹象。的确，在一个充满宗教斗争和宫廷斗争、人人自危、朝不保夕的乱世里，雷科德不可能过上平静的书斋生活。他的学术活动大多在任职之余完成，他的著作大多题献给国王，打上了政治的烙印。他先后出版了多部数学教材，其中流传下来的有《艺术基础》《知识之途》《知识城堡》和《砺智石》，分别为算术、几何、天文和代数教材。

《艺术基础》最初出版于1543年。在雷科德以前，约克郡的唐士陶已经于1522年出版过一部算术教材，但它是以拉丁文写成的，且并非为商人而写；1537年，出现过用英语写成的算术课本（作者不详），但其学术价值和影响远不及《艺术基础》。《艺术基础》是一部商业算术书，在前言里，雷科德相信"较之迄今所写的英国算术书，一些读者会更喜欢我写的这本"。全书共分三部分，第一部分为笔算，包括正整数的四则运算、重量和钱币的换算、算术与几何级数、黄金法则（正比例、反比例、复比例、配分比例），1552

年版还增加了分数运算、假设法和混合法。尽管雷科德给出了九九表，但他介绍了一种不需用九九表的大于 5 的一位数相乘的简便方法：从 10 中分别减去相乘的两数，将所得的两个差数相乘，取乘积的个位数，即得所求乘积的个位数。从一个数中减去另一个数相应的差数，即得所求乘积的十位数。在 16 世纪的欧洲，这种算法经常出现于各种算术教材中。

《艺术基础》的第二部分为算盘算术，供那些不识字的人或手头没有笔和身边没有桌子的人学习。《艺术基础》扉页上的插图即是四个人围着一张放有算盘的桌子，在讨论计算。在 15、16 世纪的欧洲，算盘作为商业计算的主要工具而相当普及，笔算和算盘算术在学校里往往是并存的。在莎士比亚的悲剧《奥塞罗》第一幕第一景中，依阿高这样说到奥赛罗的副官：

那是谁？老实说罢，是一位大算学家，一个名叫迈克尔卡希欧的……这打算盘的，他，反倒要做他的副官……

当时，欧洲人所用的算盘叫"线算盘"，算盘上标有表示数位的平行线，自下往上依次为个位、十位、百位、千位……每条线上至多放四个筹码；在相邻两条数位线之间至多放一个筹码，表示 5、50、500、5000 等。雷科德介绍了算盘上的整数四则运算以及分数的四则运算（不用算盘）。图 1 是《艺术基础》（1558 年版）中的一页，其中算盘上左栏的筹码表示 8342，右栏的筹码表示 2659。雷科德在这里介绍两数在算盘上的加法。

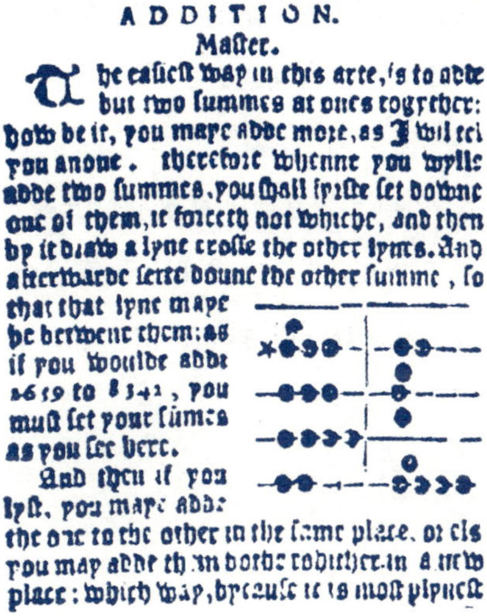

ADDITION.
Master.
The easiest way in this arte, is to adde but two summes at ones togyther: howbeit, you maye adde more, as I wil tel you anone. therefore whenne you wylle adde two summes, you shall fyrste set downe one of them, it forceth not whiche, and then by it drawe a lyne crosse the other lynes. And afterwarde sette downe the other summe, so that that lyne maye be betwene them: as if you woulde adde 2659 to 8342, you must set your summes as you see here.
And then if you lyst, you maye adde the one to the other in the same place, or els you may adde them bothe togither in a new place: which way, because it is most playnest

图 1 《艺术基础》中的一页——线算盘上的加法运算

《艺术基础》的第三部分介绍“手指算”。早在公元前 5 世纪，希腊人即知道手指记数法。在印度 – 阿拉伯数码传入之前，手指算在欧洲相当盛行，中世纪的教会学校里即教这种算术。意大利数学家帕乔利在其《算术、几何、比和比例概论》（1494）中，德国数学家阿文蒂努斯在其《算盘》（1522）中都曾详细给出手指记数法。手指算中的一种重要方法是乘法。如求 7×8 时，一手伸出 2（7−5=2）指，一手伸出 3（8−5=3）指；将两手各伸出的手指数相加得 2+3=5，又将两手各剩下的手指数相乘得 3×2=6，于是得乘积 56。

《艺术基础》是雷科德最流行的教材，在 1543 年初版后的一个半世纪里，在英国至少有 45 个不同版本（包括不同编辑者的增补版）相继出版，最后一版的时间为 1699 年，其在英国数学教育史上的深远影响由此可见一斑。这部著作中的许多数学名题在英语世界里都是首次出现，如水池注水问题：

> 水池含有 72 桶水，有四个排水孔。开最大的孔，6 小时排完；开第二个孔，8 小时排完；开第三个孔，12 小时排完；开第四个孔，18 小时排完。问：若四孔同开，则几小时排完池水？

遗产问题：

> 一个垂死的老人立下遗嘱：如果妻子生下儿子，则妻子继承 1/3 财产，儿子继承 2/3；如果妻子生下女儿，则妻子继承 2/3，女儿继承 1/3。问：如果妻子生下龙凤胎，如何分配财产？

雷科德评论说，一个聪明的法官会判定该遗嘱无效。
还有希罗皇冠问题：

> 叙拉古国王希罗让金匠打制金冠，但金匠私自取金若干，而以银补足分量。后来国王让阿基米德研究金冠是否掺假。

雷科德叙述了阿基米德在浴池中突然想出解决方法，赤身裸体跑回家,一边高喊"找到了!找到了"的故事。

值得注意的是,《艺术基础》对英国的圈地运动有所反映。16世纪初,印度新航线的开通、美洲大陆的发现以及环球航行的成功,使英国的对外贸易迅速增长,极大地刺激了英国国内羊毛纺织业的发展。羊毛价格不断上涨,养羊业获利丰厚。与此同时,美洲金银的流入引起物价上涨,造成所谓的"价格革命"。为了获取养羊业的巨大赢利,也为了避免因"价格革命"造成的损失,英国领主们掀起大规模的圈地运动。于是,大批农民被迫出卖土地,或远走他乡,或到处流浪,陷于悲惨境地。著名思想家莫尔在其名著《乌托邦》(1516)中指责圈地运动是"羊吃人"。以下是《艺术基础》中的一段对话:

生:假设法律规定,每位养羊的人,每养10只羊必须耕种1亩地,每4只羊需要1亩牧草地。一位富裕的羊主有7000亩地,他愿意根据法律规定养尽可能多的羊。问:他可以养多少只羊?

师:你自己来回答这个问题吧。

生:首先假设他养500只羊,根据4只羊1亩的比率,他需要125亩牧草地,又必须有50亩耕地,共为175亩,不足6825亩。再假设他养1000只羊,则需要牧草地250亩,又必须有100亩耕地,共计325亩,不足6650亩。记下两个不足数和两个假设数如图所示:

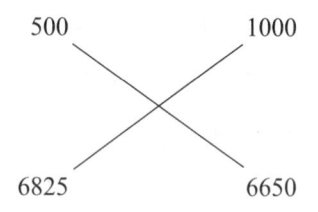

```
        500           1000

              ╳

        6825          6650
```

将 6825 和 1000 相乘，得 6825000；将 6650 和 500 相乘，得 3325000，从第一个数中减去，得 3500000，作为被除数。又将两个不足数相减，得 175，被除数除以 175，得 20000。因此他可以养 20000 只羊。由此我猜想许多人会养这么多羊，因为许多人有这么多的土地。

师：不可能的，因为这么多的土地方圆超过 $48\frac{3}{4}$ 英里。不过请言归正传。

生：我记得古代埃及人是如此怨恨牧羊人，最终食其恶果，但这些埃及牧羊人与今天的一些人相比，简直是小巫见大巫。羊增加得如此之猛，除狮子外，没有谁能阻止它们。……

显然，作者通过养羊问题对圈地运动进行了抨击。实际上，通过数学问题阐明自己的政治主张，这在雷科德的数学著作中并不少见。此外，从"生"的解法中，我们看到了中国汉代"盈不足术"的影子。

雷科德的第二部数学著作是《知识之途》，出版于 1551 年，这是历史上第一部用英文写成的几何学著作，主要取材于《几何原本》前四卷。《知识之途》书名的全文如下：

知识之途，包含几何学的第一原理，它们适用于实践，不仅适用于几何与天文仪器的使用，而且也适用于各种平面投影，因此对各行各业的人都十分必要。

在该书前言里，雷科德写道：

亲爱的读者，如果（本书）有什么错误，请您原谅。在未曾涉足的道路上，一开始难免会走错：方法必然很笨拙……倘若我的光能照亮他人看出并记下我的错误，我希望它也能启发他们，使他们避免犯错……但我可以这么认为：是我点燃了这支蜡烛，是我点燃了这束光，有识之士可以在光下著书立说，留名史册。我只是画出了草图，而他们可以在其上建筑……我会在这条道路上继续跋涉，智者循着这微光，可以随意写出更完善的、有着合适的发明以及得体的修辞的著作。

这段文字因其所含的科学进步观而受到现代学者的关注。《知识之途》分两个部分（雷科德共写了四部分，但只出版了两部分）。第一部分包括定义和各种作图法，第二部分包括公设和公理，以及《几何原本》前三卷中的 77 个定理，每个定理后都附有图形和解释，但雷科德并没有像欧几里得原著那样给出严格的证明。

《知识之途》再版于 1574 年和 1602 年，较之《艺术基础》，它具有更强的学术性，因而其影响不如后者广泛。但它加深了人们对几何学价值的认识，同时也提高了英语数学著作的地位，并支持了本国语运动。

在《知识城堡》的开篇，雷科德曾提到他出版过第三部著作，名为《知识之门》，主要内容为测量以及象限仪的用法，可惜此书失传。《知识城堡》为雷科德的第四部著作，出版于1556年，再版于1596年，是第一部英语天文学著作。该书主要介绍托勒密天文学体系，同时还介绍了各种天文仪器，并给出了许多天文和航海表，可供航海家直接参考。英国著名探险家马丁·弗罗比歇于1576年探寻通往东方的西北航道时，即随身携带了这本书。尽管《知识城堡》第一部分介绍了托勒密的地心说，但值得注意的是，雷科德本人实际上接受的是哥白尼的日心说。在同书第四部分，有这样一段师生对话：

> 师：……然而，博学的哥白尼，以其丰富的经验，通过极其勤奋的观察，更新了阿利斯塔克的观点，指出：地球不仅绕着它自己的中心做圆周运动，而且总是离精确的世界中心3800000英里。但由于理解他的论据需要更深的知识，超出了这里的入门知识范围，因此，我把它放到以后去讲。
>
> 生：我可不想听这样空洞的如此有悖常理的奇谈怪论，我对所有这些博学的作者都不敢苟同。因此，就永远也别再提它了。

师：你太年轻，对于这样一件重要的事情还不能作出很好的判断。它远远超出你的学识范围，他们远远比你更有学问，能用好的论据来改进或反驳他们的假设。因此，对于你还没有很好理解的事情，你最好不要谴责什么。我说过，下次我会讲解他的假设，你听了不仅会感到惊奇，而且会对其深信不疑，一如你现在谴责它的态度……

德摩根据此于 1837 年指出，雷科德是历史上第一个将日心说传入英国的人。不过，在德摩根之前的 1833 年，英国学者约瑟夫·亨特发现，和雷科德同时代的英国数学家约翰·迪伊和天文学家约翰·菲尔德也接受了哥白尼的理论。

雷科德的第五部数学著作《砺智石》是英国历史上第一部代数学教材，出版于 1557 年，未曾再版。在 16 世纪的意大利和德国，代数学被称为"未知数之术"，而未知数是以"物"（意大利人称之为 cosa，德国人称之为 cos）来表示的，雷科德沿用了 cos 这个词，并将代数学称为 cossike practice，而这个词翻译成拉丁文即为 cos ingenii，有"砺智石"之意，因此，书名是个双关语。在扉页，雷科德写道："尽管许多石头价值连城，这块磨刀石却只供练习使用！"

《砺智石》主要取材于德国数学家朔伊贝尔的《简易代数汇编》（1551）。第一部分先讨论各种类型的正整数以及开方法。其中一类正整数值得一提：若正整数 a、b、c 满足 $a^2+b^2=c^2$，则称 ab 为直径数。雷科德证明：设 a、b、c 为一组勾股数，a 和 b 互素，则古希腊数学家欧几里得已给出公式：$a=mn$，$b=\dfrac{m^2-n^2}{2}$，$c=\dfrac{m^2+n^2}{2}$，其中 m、n 同为奇数或偶数，$m>n$。于是，直径数为 $ab=\dfrac{1}{2}mn(m-n)(m+n)$。13 世纪初，意大利数学家斐波纳奇在其《平方数书》中已经证明：当 $m+n$ 为偶数时，$mn(m-n)(m+n)$ 能被 24 整除，并且它不可能为平方数。17 世纪法国数学家费马也有类似命题："整数边直角三角形的面积不可能是平方数"，即（1）直径数的个位数必为 0、2 或 8；（2）直径数必能被 12 整除；（3）直径数本身不可能为平方数。之后，雷科德用了五十几页的篇幅介绍开方法。

第二部分介绍代数式与方程。雷科德采用了朔伊贝尔的符号："ℛ"表示未知数（相当于今天的 x），"ℨ"表示未知数的平方（相当于今天的 x^2），"ℚ"表示已知数，"+""−"分别表示"加"和"减"，这些符号在英语数学著作中都是首次出现。这一部分中最引人注目的是等号"="的创用（如图 2）。在《砺智石》以前出版的数学著作中，"相等"往往用文字来表达。雷科德说：

> 为了避免枯燥乏味地重复使用"等于"这个词，我在本书中采用了一对等长的平行线，即"="，因为没有哪两样东西能比它们更相等了。

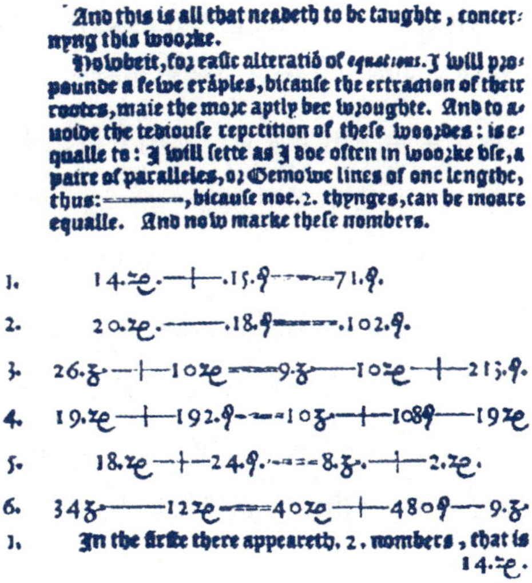
And this is all that neadeth to be taughte, concer-
nyng this woorke.
Howbeit, for easie alteratiō of equations. I will pro-
pounde a fewe exāples, bicause the extraction of their
rootes, maie the more aptly bee wroughte. And to a-
uoide the tediouse repetition of these woordes : is e-
qualle to : I will sette as I doe often in woorke use, a
paire of paralleles, or Gemowe lines of one lengthe,
thus: ═══, bicause noe. 2. thynges, can be moare
equalle. And now marke these nombers.

1. 14.ze.—+—.15.9.═══71.9.
2. 20.ze.———.18.9.═══.102.9.
3. 26.z.—+—10ze═══9.z.——10ze—+—213.9.
4. 19.ze—+—192.9.═══10z.—+—108.9——19ze
5. 18.ze—+—24.9.═══8.z.—+—2.ze.
6. 34z.———12ze═══40ze—+—480.9——9.z.
1. In the firste there appeareth. 2. nombers, that is 14.ze.

图 2 《砺智石》中的一页——等号“=”的创用

可以说，等号“=”的创用是雷科德对数学的最大贡献。不过，《砺智石》出版后，这个符号并未马上为人们所沿用，甚至 17 世纪一些重要数学家，如开普勒、伽利略、托里拆利、卡瓦列里、帕斯卡、内皮尔、布里格斯、圣文森特、塔凯、费马等都未采用任何符号来表示“相等”（均用文字表达，至多采用缩写文字）。一些数学家用“=”来表示不同的含义，如法国数学家韦达用它来表示两数之差，笛卡儿用它来表示“加减”（即今天的“±”），迪洛朗和德国数学家赖厄用它来表示平行线，西班牙数学家卡拉缪尔用它来表示小数点。另一些数学家则用别的符号来表示“相等”，如法国数学家布丢用“〔”，艾里冈用“2|2”或“⊔”，迪洛朗用“⊓”，笛卡儿用“∞”（这个符号在 17 世纪下半叶和 18 世纪初的法国和荷兰被广泛采用），德国古典学者克塞兰德用“‖”，赖厄用“|”。在英国，

直到《砺智石》出版六十一年后,它才在内皮尔《奇妙的对数说明书》英译本(1618)的附录(作者可能是奥特雷德)中再次出现。1631年,英国数学家哈里奥特在其《实用分析艺术》中、奥特雷德在其《数学之钥》中、诺伍德在其《三角学》中都采用了雷科德的等号,之后,沃利斯、巴罗、牛顿等名家都开始采用该等号,因而它在英国渐渐被广泛接受。在欧洲大陆,莱布尼茨在其《组合艺术》(1666)中采用了雷科德的等号;到了17世纪末,越来越多的欧洲大陆数学家开始采用这个符号。雷科德的发明最终被全世界普遍接受。美国数学史家卡约里在《数学符号史》中这样评论道:

> 等号"="乃是被普遍采用的极少数数学符号之一。雷科德并未提出别的代数符号,但他奇妙地选择了这个符号,它战胜了所有的竞争对手。不要忘记,当今在微积分学、三角学、矢量分析,事实上也在数学的每一个分支里,符号的使用仍然很不统一,鉴于此,等号的普遍采用尤为引人注目。

关于方程,雷科德指出,"解任何一个问题时,先给未知数想象一个名称",这和中国宋元数学家的"立天元一"颇为相似。尽管雷科德没有像后来的哈里奥特那样将方程写成一边等于零的形式,也没有接受负根,但值得注意的是,他使用了负系数。所有的一元二次方程均写成 $ax^2=bx+c$, $ax^2=bx-c$, 或 $ax^2=c-bx$ 的形式。对于具有两个正根的方程 $x^2=bx-c$,雷科德已经知道根与系数之间的关系

（今称韦达定理）：$x_1+x_2=p$，$x_1x_2=q$。

《砺智石》第三部分讲的是无理数，其内容源于《几何原本》，斐波纳奇在《计算之书》中也有详细介绍。雷科德采用了舒贝尔的根号，其中的二次根号"$\sqrt{\ }$"一直沿用至今。

在苏格兰著名小说家司各特的小说《奈杰尔的财富》（1822）第24章中，高利贷者家中除《圣经》外唯一的一本藏书便是《砺智石》。哈利韦尔称之为"科学荒漠时代的绿洲"。

三、教育上的一代先驱

在雷科德著述数学教科书的时代，一般的人文主义学者很少对数学这样抽象的非人文学科产生兴趣。事实上，荷兰著名学者伊拉斯谟的观点代表了文艺复兴早期人文主义学者们的普遍看法：数学只是十分先进的人才会喜欢的学科。英国著名学者阿谢姆甚至这样感叹：

> 所有全心全意于那些学科（音乐、算术和几何）的数学头脑，他们是多么孤独，与他人多么格格不入，在世上多么不合时宜！

在一般学校（包括牛津大学和剑桥大学）的课程表中几乎见不到数学，表1给出半个世纪后英国一所文法学校的课程表，从中可见，只有一、二年级有算术课，而且还放在周六下午的"教理问答"课之后。伊丽莎白时代尚且如此，更不必说半个世纪以前了。

表1 伊丽莎白时代一所文法学校的课程表（1598）

年级	时间	周一	周二	周三	周四	周五	周六
一	上午	皇家语法	皇家语法	皇家语法	皇家语法	每周复习	考试
一	下午	圣约书或《诗篇》	圣约书或《诗篇》	圣约书或《诗篇》	—	复习（续）伊索寓言	教理问答 算术
二	上午	伊拉斯谟《对话集》	伊拉斯谟《对话集》	老加图或小加图	老加图或小加图	每周复习	考试
二	下午	英译拉丁	英译拉丁	英译拉丁	—	复习（续）伊索寓言	教理问答 算术
三	上午	阿斯克姆书信、西塞罗书信、泰伦斯句子释义	阿斯克姆书信、西塞罗书信、泰伦斯散文俗语	帕伦格纽斯《诗篇》句子释义	帕伦格纽斯《诗篇》	散文俗语 每周复习	考试
三	下午	拉丁或希腊语法	拉丁或希腊语法	拉丁或希腊语法	—	复习（续）伊拉斯谟《格言》	教理问答 新约全书
四	上午	西塞罗《论老年》或《论友谊》	西塞罗《论老年》或《论友谊》	奥维德《哀歌》、塞内加的悲剧	奥维德《哀歌》、塞内加的悲剧	诗歌 每周复习	考试
四	下午	散文 拉丁或希腊语法	诗歌 拉丁或希腊语法	散文 拉丁或希腊语法	—	复习（续）奥维德《纪年表》	教理问答 新约全书
五	上午	散文 恺撒《评注》、西塞罗、萨卢斯特	诗歌 恺撒《评注》、西塞罗、萨卢斯特	散文 奥维德《变形记》、维吉尔、卢坎	奥维德《变形记》、维吉尔、卢坎	诗歌 每周复习	考试

（续表）

年级	时间	周一	周二	周三	周四	周五	周六
	下午	拉丁或希腊语法	拉丁或希腊语法	拉丁或希腊语法	—	复习（续）塞内加的悲剧、贺拉斯、卢坎	教理问答新约全书

可以想象，要让普通人学习数学，是多么不易。为此，雷科德在撰写课本时做出了三个决定。其一，放弃了拉丁语而采用了英语；其二，首次选择具体的例题来说明原理（但没有提供练习题）；其三，采用了对话的形式。在雷科德所撰写的四部教材中，除了《知识之途》，其余三部均采用师生对话的形式。雷科德自认为这是学生最容易接受的教学方式，"学生可以依次就每一个疑难提问，而教师可以清晰地回答他的每一个问题"。在我们今天看来，雷科德的课本是直接以教育形态，而非以学术形态来呈现数学知识的。此外，雷科德还创造了一些英语数学术语。

在数学教学中，不可避免会遇到记忆和理解之间的关系。《艺术基础》中，"师"告诉"生"：

> 你必须自己动手解一些从没教过的问题，否则你就不能超出所学的内容，只能死记硬背地学习，而不是理解地学习。

另外，在理解之前，可以先教技能：

在学习原理之前，先通过简短的法则教会学生运用，然后就可以更快地让他理解这些原理。因为很难让一个年轻的学生（一开始就）同时掌握技能及其背后的原理。

在《知识之途》中，雷科德再次指出：

对于一个涉足陌生艺术的人来说，很难一开始就既理解所学的事物，又理解其背后的原理。

雷科德数学课本中最令人印象深刻的内容莫过于对数学价值的宣扬了。美国数学家和数学史家 M. 克莱因曾指出：数学教学的主要问题是动机问题，数学教师必须为所教的数学提供动机和目的。在一个数学教育远远没有普及的时代，动机和目的创造就显得更加重要了，雷科德将这一点作为其重要目标。在《艺术基础》中，雷科德一开篇竟用了 10 页篇幅向学生介绍算术的价值。以下是师生对话的一部分：

师：一个人如果没有了数，那他将一事无成，而有了数的帮助，则万事可达。

生：是的，先生，这就是为什么在所有知识中，学习数的艺术是顶顶重要的，学了数学，一个人就不必再学其他知识了。

师：不，不是这样。如果一个人先学习数学，然后，他才能够学习、理解、掌握其他的科学。这些科学如果没有数学是绝不能掌握的。

生：天文学和几何学要靠数的帮助，这一点我能理解；但是，像音乐、医学、法律、语法等学科也需要算术的帮助，这一点我不理解。

师：我会根据你的一丁点理解，告诉你算术对于所有这些学科的一般好处，其他更为重要的原因我就不提了。

首先，音乐不仅需要算术的帮助，而且它就是算术造就的，是因为算术而完善的：因为一切音乐都遵循数和比例；而在医学上，除了关键性的时间计算等，如果对于数的比例一无所知，谁又能正确地把脉呢？

至于法律，很清楚，不懂算术的人是不适合于当法官的，不管是律师也好，抑或代诉人也好。因为，如果他不懂算术，他又怎能很好地理解涉及货物或其他债务以及钱的分配的案件呢？当一名法官对他所不能理解的事情置若罔闻，或者因缺乏理解而不能正确断案时，正当的权益常常就会受到阻碍：此皆不懂算术所致。

至于语法，如果你知道除了各种数词和副词，各种名词、代词、动词和分词都有数的不同，那么我想你就不会怀疑它也需要数的事实。如果你从语法中拿走数，所有数目的音节就没了。数还在其他方面对语法有帮助。

读过亚里士多德、柏拉图或任何别的哲学家的著作的人很快会明白：算术对于哲学的所有部分是多么必要。因为他们几乎所有的例子以及检验都依靠算术。亚里士多德有句名言：不懂算术者不适于研究任何科学。他的老师柏拉图在他的学园大门上写有这样的短句：不懂几何者免进。既然他要求所有的学生都精通几何学，那么他当然会要求他们同样也精通算术，因为没有算术几何就没有立足之地。

如此多的神学博士从数中搜集神秘的东西，并大书特书，表明算术对于神学是多么的必要。算术对于和平时期的平民事务，如公共福利的管理，以及战时的军队补给、军队人数的清点、薪水的计算、食品的供应、大炮和其他武器的瞄准、地形的测定、营塞的安扎等都极有用。算术对于地主、业主、商人和其他的所有者的私人福利，以及更一般地对于人的财产是多么有用。还有，审计员、司库、出纳、财务管理员、管家等，他们的职务如果没有算术就一无所有。如果我要具体地罗列算术这门高贵的科学的所有这样的用处，足够写厚厚的一本书呢。

生：不，不，先生，没有必要。因为我已不再怀疑，你所说的足以让任何一个人相信：这门艺术的确十分美妙，对人十分必要，谁少了它，谁就少了感觉和智慧。

师：听了少数的这些一般用处，你已经改变了这么多，如果你知道了所有具体的用处，你可能会改变更多。

生：先生，请讲述那些具体的用处，现在就打开这个精彩的宝库，丰富我的头脑。请不吝指教。

师：我很高兴接受你的请求，如果你乐于学习，我即刻为你讲述。

生：我洗耳恭听。无论你讲什么，我会把它当作真理。

师：言过其实了。任何人都不应盲目相信一切。尽管我可以要求我弟子信任我，但除非我说理，否则我并不想要这样的信任。

这里，"师"成功地激发了"生"的学习动机。作为对初等算术目的的阐述，上述对话对后世数学教育产生了深远的影响。值得注意的是，雷科德在这里还教育学生不要迷信权威。在《知识城堡》的前言里，雷科德也表达了同样的思想。

在《知识之途》中，雷科德不厌其烦地宣扬几何学的价值，大到海上的商船，小到织布机、磨粉机、钟表甚至是裁缝和鞋匠的作品，"没有哪一门艺术能像几何学那样，如此智慧美妙，对人类如此必要！"

与人文主义学者的观点形成鲜明对照的是，数学家和艺术家的数学观反映了那个时代的精神，如达·芬奇称：

任何人类的探究活动都不能称为科学，除非这种活动通过数学表达方式和经过数学证明来开辟自己的道路。

在雷科德之后，16世纪晚期的英国数学家希尔在其《通俗算术》（1592）中甚至称：

如果你想做一名威武的军人／如果你想谋一官半职享受富贵荣华／如果你想在你居住的庭院或乡间／选择物理、哲学或法律作为你的生涯／没有数学这门艺术／你的名声将永无闻达／我掌握了天文和几何学／宇宙学、地理学和许多别的学科不在话下／还有那悦耳动听的音乐／没有这门艺术，你就成了井底之蛙／……／一言以蔽之，没有数学／人将不再是人而只是木头或石沙。

希尔的课本也采用了对话的形式，雷科德的影响可见一斑。同时代另一位学者肯普在其所译拉米斯《整数与分数算术之艺术》的献言（1592）中称：

没有了算术，商人们就失去了眼睛，做买卖时再也看不到方向；铁匠们就失去了辨别力，再也没能恰如其分地混合金属；将领们就失去了机智，再也无法指挥若定地排兵布阵；最终，各行各业的人们就失去了正确地各司其职的能力。算术教给我们神圣的事物，公正地判断世俗的事业，治疗疾病，找出事物的本质，甜美地歌唱，公平地买卖，称量金属，与敌作战，赢得战争，成就几乎每一件好的工作。算术对人类是多么有用！

17世纪初，哲学家培根在其《崇学论》(1605)中称：

  没有数学的帮助，没有数学的融入，自然的许多部门，如透视学、音乐、天文学、宇宙学、建筑学、机械和许多别的学科，既不能以足够的精微发明出来，也不能以足够的清晰证明出来，也不能以足够的灵巧投入使用。我说不出数学中有什么不足之处，如果有，那就是人们还没能足够理解纯数学的精彩应用。在数学的应用中，人们纠正和克服了智慧和智力中的许多缺陷。因为，如果智慧太愚钝，数学就让它变得敏锐；如果智慧太散漫，数学就让它变得牢固；如果智慧太感性，数学就让它变得抽象。

我们有理由相信，雷科德的数学观在文艺复兴时期起着承前启后的作用。

1896年，英国学者塞奇威克曾说，《尿液》和《知识之途》中的木刻画是雷科德的画像，但此说受到大英博物馆波拉德的否定。20世纪初，伦敦哈罗中学数学教师、校长布谢尔在当地的拍卖会上买下了作于1556年的雷科德画像，据美国著名数学史家史密斯鉴定，这是 16 世纪的真品。也许这是唯一存世的雷科德画像了。由于年代久远，文献稀缺，除了数学和医学著述，雷科德的更多的学术和教学活动仍有待于进一步深入考证；但他的算术、几何、代数、天文学著作，连同他所发明的等号，他的科学进步观和他的数学观，都已载入了科学史册。

（作者：汪晓勤）

胡列维茨

20 世纪拓扑学的关键人物

维托尔德·胡列维茨
(Witold Hurewicz, 1904—1956)

拓扑学起初是随着分析和几何的需要应运而生，它最早研究几何图形在连续变形下保持不变的性质——拓扑性质，现已成为研究连续性现象的学科。连续性的研究方法、研究对象、表现方式的多样化，使得拓扑学从 19 世纪到 20 世纪逐渐演变出一般拓扑学、组合拓扑学及代数拓扑学等分支，随着新工具的加入又有了几何拓扑学、微分拓扑学等分支。

拓扑学在 20 世纪的发展大致可分为三个阶段：初创时期（1895—1935）、飞跃时期（1936—1970）和扩展时期（1971 年至今）。维托尔德·胡列维茨的一生虽然短暂，但他却在拓扑学的初创时期和飞跃时期都发挥了关键作用。在一般拓扑学中，继保罗·乌雷松和卡尔·门格尔之后，胡列维茨也作为维数论的开创者之一而闻名。在代数拓扑学中，胡列维茨对同伦群、正合序列、纤维空间的研究，更是将代数拓扑学提上了新的高度。

1950 年，在美国麻省坎布里奇举办的第二次世界大战后第一次国际数学家大会上，胡列维茨应邀做了大会报告"同调与同伦"，这是他生前最后的高光时刻。胡列维茨与晚辈塞缪尔·艾伦伯格深刻塑造了代数拓扑中的同伦论和同调论及两者之间的联系，"胡列维茨纤维化""胡列维茨同构定理""艾伦伯格－斯廷罗德公理""艾伦伯格－麦克莱恩空间"等概念就是最好的见证。在波兰裔数学家中，艾伦伯格与胡列维茨可以说是最为杰出的两位代数拓扑学家。倘若不是在墨西哥意外身亡，胡列维茨会同自己的波兰后学一样，在数学世界中继续建功立业。

一、非典型的波兰数学人：负笈维也纳（1921—1926）

波兰数学在 1919—1939 年期间的崛起，无疑是 20 世纪世界数学史上的一个奇迹。两次世界大战期间，波兰各方面的条件虽然艰苦，但在谢尔宾斯基、马祖尔凯维奇、库拉托夫斯基、巴拿赫、斯泰因豪斯等波兰数学家的领导下，华沙大学和利沃夫大学却涌现出了从事拓扑学、数理逻辑、集合论研究的"华沙学派"，以泛函分析研究闻名的"利沃夫学派"等数学团体，还创办了知名的期刊《基础数学》与《数学研究》，更有在苏格兰咖啡馆进行的激情洋溢的数学讨论，并留下了著名的《苏格兰数学问题集》。这一切为波兰数学的人才培养提供了肥沃的土壤，日后蜚声数学界的博苏克、乌拉姆、艾伦伯格、马克·卡克等人就是代表。

胡列维茨与这些波兰数学人的受教育环境不同，他是求学海外的特例。1904 年 6 月 29 日，胡列维茨出生于波兰罗兹的一个犹太家庭。父亲原是从立陶宛维尔纽斯来的实业家，移居罗兹后与胡列维茨的母亲结婚。第一次世界大战前，罗兹由波兰的瓜分国之———俄国控制着，胡列维茨在罗兹开始读小学。上中学之前，因为第一次世界大战的爆发，1914 年，胡列维茨一家移居莫斯科，直至 1919 年，他都是在俄国接受中学教育。随着第一次世界大战的结束，全家迁回罗兹。1919 年 2 月至 1921 年 5 月，胡列维茨在罗兹的高中上学，并在毕业时通过了升学考试。此时的波兰数学已经开始崛起，身处其中的胡列维茨也志愿在此继续深造数学。但在 1921 年 7 月，胡列维茨全家离开罗兹，移居奥地利的维也纳，胡列维茨进入了维也纳大学学习数学。

第一次世界大战后，奥地利在奥匈帝国解体后新生。在胡列维茨求学期间，维也纳大学的数学实力强劲，这主要得益于在维也纳大学任教的三位杰出教授，即维廷格、富特文勒和哈恩。其中最年长的维廷格于 1903 年就接任了前任盖根堡的职位，直至 1935 年。他 1887 年博士毕业后，在哥廷根大学访学时深受菲利克斯·克莱因的影响，研究解析函数，扛起了复函数论方向的大旗。维廷格的研究领域十分广阔，除了复函数论，他在几何、代数、数论、李群以及纽结理论等领域均有所建树。他的著作《θ 函数研究》综合了黎曼与克莱因的思想而证明了许多重要的结论，维也纳大学数学专业几乎所有在分析方面做研究的学生都是在他的指导下写论文。富特文勒则于 1912 年接任默滕斯的职位，直至 1938 年。他是克莱因的学生，当时在维也纳大学数学系讲授数论、代数及微积分等课程，以教学质量高著称。他的课堂经常爆满，400 多名听众只有一半有座位。即使后来因逐渐瘫痪而坐上轮椅，他依然在助手的帮助下坚持上课。正是富特文勒的数论课使得 1922 年入学的哥德尔由物理转向了数学。三位教授中最年轻的哈恩是在 1921 年才接任埃舍里希的职位，直至 1934 年。他是集合论、泛函分析领域的先锋，更以"哈恩－巴拿赫定理"闻名于数学界，后来他的兴趣转向了哲学和数学的基础。哥德尔回忆时称赞了哈恩的教学水平，称哈恩能把每件事情都解释得十分详细。哈恩还是著名的"维也纳小组"的主将，在 1922 年把日后的领袖石里克请到维也纳大学，担任"归纳科学哲学"教席。据说是哈恩把这个团体的注意力引向了逻辑。

除了三位正教授，在汉堡大学深受埃里希·赫克以及勃拉希克影响的赖德迈斯特，1923 年在哈恩的推荐下，前来担任几何学副教授。门格尔后来从荷兰返回维也纳，接替了赖德迈斯特离开时留下的职位。在三位大师坐镇且研究方向多样化的氛围里，胡列维茨打下了扎实的数学基础，日后他在集合论、维数论、代数拓扑、微分方程、遍历理论甚至是应用数学领域都做出了一流的成果，这与当时维也纳大学的学术氛围不无关系。

按时间顺序，哈恩在维也纳大学最出众的三位博士生依次是门格尔、胡列维茨、哥德尔。1924 年，公认的天才、大师兄门格尔博士毕业，他主要研究曲线和维数理论。门格尔对胡列维茨的影响是显而易见的，不仅在集合论与维数论的学术兴趣上，而且为胡列维茨毕业后前往荷兰打了前站。胡列维茨在维也纳大学早期的研究兴趣是在集合论，他在这方面的贡献可以大致浓缩为两部分。其一，他 1926 年博士毕业时写的论文《博雷尔定理的推广》是关于描述集合论的。描述集合论是集合论的分支，研究可以用简单的方式予以描述的（例如有简单拓扑结构的）实数集合或其他具有类似结构的集合，是 19 世纪末 20 世纪初由博雷尔、贝尔和勒贝格等人创建的。胡列维茨的博士论文就是专门研究门格尔提出的问题：拓扑空间的门格尔性质。具有门格尔性质的拓扑空间也称为门格尔空间。在 1927 年的后续文章中，胡列维茨深化了门格尔性质，得到了胡列维茨性质。在该论文中,除了深入刻画若干具有门格尔性质的集合,胡列维茨还引入了一项新技术,即极限点系统,并在1928年的文章中深入研究了这个新方法,这是胡列维茨关于描述集合论的两篇代表作。胡列维茨在文中对于紧空间解析集中 $F_\sigma-$ 集的优美刻画,在20世纪七八十年代又催生出一些深刻的胡列维茨型定理。其二,胡列维茨在1930年的文章中,证明了在任何不可数的紧度量空间的超空间中,所有不可数紧集构成的集族是一个可解析、非博雷尔集。博士毕业后,胡列维茨又完成了4篇描述集合论方面的文章,为这个领域注入了一些绝妙的想法,对后世产生了深刻影响。

虽然胡列维茨是在维也纳获得学位,先后在荷兰、美国开展研究,但他同波兰数学同行们保持着密切联系,并且一直使用波兰语同家人和朋友交流。艾伦伯格就曾回忆说胡列维茨每年都会访问波兰数学界。并且胡列维茨本人也经常讲述他所继承的波兰传统,他在波兰数学期刊上发表了不少文章(11篇在《基础数学》上,2篇在《数学物理研究》上),并同波兰数学家克纳斯特合作发表过研究论文。

二、荷兰十年(1927—1936):从维数论到同伦论

维也纳大学在哈恩和门格尔的建设下,成为20世纪20年代西欧两个交流十分密切的拓扑学研究中心之一。另一个中心是直觉主义的典型代表布劳威尔所在的荷兰阿姆斯特丹大学,哈恩与布劳威尔还是好友。读博士期间,崭露头角的胡列维茨由于出色的研究,在洛克菲勒基金的资助下来到了阿姆斯特丹。当然,胡列维茨去布

劳威尔那里访学，跟门格尔也有关系。1925年3月，门格尔就曾受布劳威尔之邀，依靠洛克菲勒基金在荷兰担任布劳威尔的助教，直至1927年。胡列维茨跟随亦师亦友的师兄门格尔前往荷兰拓扑学派继续研究维数论，自然是最好的选择。胡列维茨接替的是亚历山德罗夫的职位，同样是担任布劳威尔的助教。除了布劳威尔这位"新拓扑"的创始人，乌雷松、亚历山德罗夫、门格尔、维托里斯、纽曼、胡列维茨、弗罗伊登塔尔这些日后在拓扑学界响当当的人物，先后来到荷兰访学。1925年之后，阿姆斯特丹忽然间成了欧洲拓扑学重镇。

1. 一般拓扑学：维数论的开创者之一

集合论与一般拓扑学有着天然的联系，后者也称为点集拓扑学。随着康托尔集合论的发展，出现了许多复杂的对象，迫切需要维数的严格定义。维数论研究的是拓扑空间中的基本性质"维数"——欧氏空间中维数概念的推广。一般而论，拓扑空间的维数有三种不同的定义方式，即覆盖维数、小归纳维数和大归纳维数。庞加莱于1912年略述了维数的归纳性定义，这是一个直觉的但并不是精确的数学概念。布劳威尔1913年提出了精确的维数函数的定义，但这个拓扑不变的维数函数仅是用来证明"不同维欧氏空间不同胚"的一个辅助工具。与此同时，勒贝格从其他的角度发现了维数是欧式空间的拓扑不变量这一事实。当然，上述三位数学家对维数的定义还处于萌芽状态。1922—1923年，乌雷松与门格尔先后独立提出了小归纳维数的定义，对紧度量空间搭建了维数论的框架。

说到荷兰时期的维数论，就不得不提布劳威尔与门格尔之间从愉快到冲突的转变。冲突既关于学术成果优先权，又涉及两人的个性，在1928年门格尔离开荷兰完成《维数论》之后愈演愈烈。一边是师兄与好友，一边是师长与权威，夹在门格尔与布劳威尔之间的胡列维茨心情沉重且十分难做。移居美国后，胡列维茨与沃尔曼于1941年完成了里程碑式的著作《维数论》。在开篇第一章介绍维数论的发展历史时，胡列维茨回避了这一冲突事件，全面且含蓄地讲述了历史经过：

> 布劳威尔的文章在若干年里都没有被注意到。然后在1922年，独立于布劳威尔，门格尔与乌雷松彼此之间也是独立地做出了重要的改进，重新定义了布劳威尔的概念；更加值得注意的是，他们使这个新概念成为一套优美且成果丰富的理论的基石，这给几何学的一大片领域带来了统一和秩序。

两位师友之间的矛盾虽然给胡列维茨带来了一些困扰，但并没有影响到胡列维茨继续在维数论中推陈出新。截至1935年，胡列维茨发表了近30篇文章，除了5篇描述集合论的文章，大多都是关于维数论的文章。在这个过程中，胡列维茨将门格尔–乌雷松理论中的主要定理，从紧度量空间推广到可分度量空间中，这种推广并不像字面描述得这么简单，背后需要的是不同的新技术。

胡列维茨在1927年的文章《正规族与维数论》中引入了正规族这个新概念。正是利用这个概念的性质，较之门格尔与乌雷松，胡列维茨以容易得多的方式得出小归纳维数的基本性质，系统地解释了非紧空间的维数论，为维数论补充了大量的新结论。森田纪一用正规族稍微修改过的形式，又将维数论扩展到任意的度量空间。除此之外，紧化定理、新型的贝尔纲方法应用下的映射定理，以及对于无穷维空间的研究，是胡列维茨有关维数论最重要的成果。

维数论，从20世纪头20年的启蒙与兴起，到门格尔1928年的第一部专著《维数论》，再到胡列维茨与沃尔曼1941年的《维数论》，转变为适用于一般的可分度量空间，取得了长足的进展。这是多位拓扑学家努力的结果，胡列维茨是其中标志性的领路人。仅仅160余页的《维数论》是胡列维茨在集合论和一般拓扑学中耕耘多年的结晶。莱夫谢茨和史密斯高度点评了胡列维茨这本著作的凝练和高雅：

> 《维数论》是这个领域的权威著作，难以理解，这么多一流的成果是如何被安排在这么短的篇幅里的。
>
> 他们处理拓扑学的这个分支（维数论）时的鉴赏力和技巧，使得这本书呈现出的优雅难以被超越。

1926年，在爱米·诺特的努力下，群进入同调论产生了蝴蝶效应，代数拓扑学的发展势头盖过了点集拓扑学。维数论对胡列维茨来说还是个小舞台，真正让他在拓扑学中占据一席之地的，是代数拓扑学中重要问题的发源地——同伦论。

2. 代数拓扑学：突破高维同伦群的 5 篇文章

1930 年，博学的弗罗伊登塔尔在霍普夫和比贝尔巴赫的指导下，在柏林大学读完博士后来到了荷兰，同胡列维茨一起担任布劳威尔的助教。不同于布劳威尔与门格尔之间的不愉快，胡列维茨与弗罗伊登塔尔之间的合作是后人可以效仿的典范。亚历山德罗夫与门格尔相继离开荷兰后，在阿姆斯特丹大学开设拓扑学课程的重任落在了胡列维茨和弗罗伊登塔尔的肩上，两人从基础的拓扑学课程讲起。胡列维茨讲授点集拓扑学，弗罗伊登塔尔讲授组合拓扑学，两人还在布劳威尔的建议下开设了拓扑学讨论班，他们还合作写过文章《展开、压缩、等距》。两个人的合作是多方面的，也非常成功。例如，胡列维茨在同伦群上的研究，激发了 1937 年弗罗伊登塔尔介绍空间"双角锥"的著名文章。另外，虽然胡列维茨开启了同伦群理论，但在当时同伦群的计算是极为困难的。1937 年，弗罗伊登塔尔引入"同纬映射"，将不同维球面的不同维同伦群联系起来，发现稳定同伦范畴，通过同纬映射研究同伦与同调（上同调）的关系，从而为同伦论的计算开辟了新途径，解决了计算难的问题。两人的相得益彰，是第二次世界大战前荷兰拓扑学独步数学界的保证。弗罗伊登塔尔曾表示，正是受胡列维茨的影响，他的科学知识才得以充分施展。

布劳威尔认为胡列维茨是一个天才，将来会成为第二个黎曼或者庞加莱。而胡列维茨正是从庞加莱的数学思想出发，加之霍普夫的铺垫，在荷兰完成了同伦群理论的一系列突破。1895 年庞加莱对连通的流形引入"基本群"的概念，可以理解为 S^1 到 X 的连续映射同伦类,这个"一维同伦群"$\pi_1(X, a)$可视为同伦群的肇始。之后推广到高维,将S^1换成球面S^m,捅破这层看似简单的窗户纸却花费了近四十年的时间。其间的曲折,直到1935—1936年胡列维茨发表在荷兰的皇家科学院院报上的4篇系列文章,以及单独发表在1935年波兰的《基础数学》杂志上的《同伦、同调和局部连通性》论文,加起来总共5篇文章,才得以"五锤定音"(见表1)。

表1 胡列维茨在同伦论上的5篇奠基文章

序号	时间	标题	内容简介
1	1935	高维同伦群(Ⅰ. Höherdimensionale Homotopiegruppen)	归纳、定义并研究高维同伦群及其性质
2	1935	同伦群与同调群(Ⅱ. Homotopie-und Homologiegruppen)	胡列维茨同态、胡列维茨同构定理
3	1935	同伦、同调和局部连通性(Homotopie, Homologie und lokaler Zusammenhang)	《高维同伦群》中结论的局部化结果
4	1936	映射类与同调型(Ⅲ. Klassen und Homologietypen von Abbildungen)	推广1933年霍普夫得到的霍普夫分类定理、引入同伦型
5	1936	无球状面空间(Ⅳ. Asphärische Räume)	研究无球状面的道路连通空间,即零伦空间

这5篇文章使得诸多拓扑学家受益。沃尔夫数学奖得主艾伦伯格在同伦论中开拓了阻碍理论,他曾回顾胡列维茨给他带来的影响:

> 对我来说,他是一个偶像,一个来自波兰的犹太人,在我热爱的领域成为一位世界级的数学家:钦佩和追随的典范。胡列维茨那时在荷兰,基本上每年都要来华沙。我

们讨论数学，我告诉他我正在做的研究，他支持并帮助我。当我证明了一些不错的结论，我给他写信，收到了非常鼓励我的回信，我依然保留着那封信……在数学上，我被胡列维茨在同伦论上的文章深深地影响着。我把这 5 篇文章的抽印本绑在一起，并且经常重读，它们对我来说是个重要的纪念物。

3. 高潮：首届国际拓扑学会议

如果说胡列维茨关于同伦群的第一篇文章意味着同伦论近四十年"蛰伏期"的结束，那么高潮很快就在 5 篇文章问世期间召开的一次会议上到来了。1935 年 9 月 4—10 日在莫斯科召开的首届国际拓扑学会议，可能是那个年代规模最大的一次拓扑学会议，几乎各个国家的拓扑学精英都参加了会议。同伦群理论重新回到舞台，是这次会议的三个核心意义之一。惠特尼撰文回忆过莫斯科国际拓扑学会议，并总结了三个重要意义。《惠特尼 1934—1936 年微分流形工作的历史分析》中也曾提过这次会议的意义：（1）上同调群中引入上积，上同调理论的开端；（2）同伦理论开始真正发展起来；（3）关于向量丛认识上的成熟，直接指向纤维丛和示性类理论。三年前，高维同伦群的定义这件事就曾在苏黎世举办的 1932 年国际数学家大会上走了弯路。在苏黎世国际数学家大会上做的报告中，切赫将定义基本群时的 S^1 换成球面 S^n，他发现所有保持基点的映射的同伦类也具有群的性质，自然就是高维同伦群。在切赫的报告之后，亚历山德罗夫和霍普夫很快就发现 n 大于等于 2 时

的 $\pi_n(X)$ 都是阿贝尔群，这些交换群显然让人觉得它们没有基本群那种非交换群所包含的信息多，而且进一步产生一种错觉，以为 $\pi_n(X)$ 不会比当时熟知的交换群——同调群 $H_n(X)$ 提供更多的信息。上述错误的认识无形中扼杀了切赫的研究。不幸的是，切赫做完报告后，在会议记录中只留下了一个不甚清楚且非常简短的摘要，他再也没有回到同伦论这个领域。同伦论依旧没有得到突破，再次回到了映射类的观点。

相比切赫给出高维同伦群的定义，胡列维茨的准备与研究就显得更充足和系统了。除定义外，胡列维茨指出了他的同伦群与同调群的不同之处，并且给出了同伦群与同调群之间的关系。这无疑使同伦群在历史上以新事物的地位完全确定下来。

胡列维茨在莫斯科国际拓扑学会议上所做的报告中，定义了高维同伦群并给出若干重要的应用后，在场的数学家似乎意识到三年前认识之局限：亚历山大说他曾于多年前考虑过这个定义，但认为性质上过于简单似乎不能得到深刻结果而放弃了；切赫和范丹齐格也说他们都曾考虑过胡列维茨的定义。会议现场的当事人惠特尼在回忆这段历史时，不无感慨地说：

> 看来这是一个教训，即使是看似简单的东西也可能有某种价值，特别是当它们推广到充分远之后。

同伦群在莫斯科国际拓扑学会议期间，似乎"悬而未决"。但在 1936 年胡列维茨的 I-Ⅳ 这 4 篇系列文章全部问世之后，就尘埃落

定了。弗罗伊登塔尔曾评论:

> 实际上,想法不是新的,但是在胡列维茨之前,没有人能将同伦群本来应有的面貌完全描绘出来。

对于高维同伦群,胡列维茨与切赫之间并不存在优先权之争一说,目前数学界公认同伦论复苏并开始快速发展的起点就是胡列维茨的这一系列文章。需要说明的是,胡列维茨也参加了1932年苏黎世国际数学家大会,他在系列文章 I 中并没有提及切赫的报告。詹姆斯解释道:

> 切赫的定义与胡列维茨的定义并不一样,可能当时没有立刻看出两者是等价的。

而且,胡列维茨基本上是独立于切赫做出的系统研究,这在他的系列文章 II 的脚注 2 中也得到了体现:

> 在上述所引的简报(即系列文章 I)发表之后,我了解到一个与我的定义等价的同伦群定义(尽管形式上是非常不同的),在切赫于1932年苏黎世国际数学家大会的报告中出现。在一次私下的交流中,切赫先生热心地指出,戴恩在更早认识到同伦群(尽管从来没有在他的任何发表的文章中出现过)。

切赫没能坚持下来，而同月同日生的胡列维茨却迈出了同伦论发展史上关键的一步，后来还继续对纤维空间和正合序列做出了突出贡献，令人感慨。

莫斯科国际拓扑学大会前后，由于纳粹的影响，欧洲大批拓扑学家移居美国避难，拓扑学的中心转移到了美国。欧洲的血雨腥风，使得身在荷兰的犹太人胡列维茨自然逃不出转移的命运。若不是远在亚洲的中国遭受了日本的侵略，胡列维茨的下一站应该是中国，而不是美国。

三、与北京大学数学系的一段渊源

北京大学数学系的发展，大体上经历了四个历史时期：抗日战争之前（1913—1937）、西南联大时期（1938—1945）、复校过渡时期（1946—1951）、院系调整后（1952年至今）。在这四个时期，江泽涵都扮演了重要角色，他是将拓扑学引入中国的第一人。若干拓扑学术语的中译名，江泽涵都参与了审定，如拓扑、流形等。抗战期间，江泽涵在艰苦的条件下翻译了塞弗特和思雷福尔的经典著作《拓扑学》，这本译著是第一本中文拓扑学书。1952年后，江泽涵在北京大学先后主持了6届拓扑学专门学习班，培养了50多名拓扑学人才，这是我国拓扑学界的核心力量。他的讲义后来以《拓扑学引论》出版。

江泽涵1927年从南开大学数学系毕业后，前往哈佛大学留学，在莫尔斯的指导下读博士，拿到博士学位后在普林斯顿大学做莱夫谢茨的助教，研究不动点理论。1931年暑假，江泽涵学成归国，进入北京大学任教授。老系主任冯祖荀将数学系系务交予他来负责，江泽涵参照南开大学和哈佛大学数学系管理办法，严格教学训练与考试，整顿学风，聘外籍数学教授以加强师资等，使北京大学数学系逐渐繁荣起来。

1936—1937年，江泽涵在普林斯顿高等研究院进修期间，就曾经听过当时同在普林斯顿访问的胡列维茨在那里讲授的同伦论。并且在西南联大期间，1941年胡列维茨与沃尔曼的《维数论》问世后，时任驻美大使的胡适买到了此书，将硬书皮撕去后用航空快件邮寄给身在昆明的江泽涵。江泽涵收到《维数论》后就组织讨论班研读此书，陈省身以及其他同事当时还手抄此书。在抗战期间信息闭塞的中国尚且如此，可见胡列维茨《维数论》一书影响力之大。

北京大学当时想延聘外籍数学教授，与江泽涵相识的莱夫谢茨介绍了自己的博士生斯廷罗德以及波兰数学家绍德尔，但都未能够成行。最后莱夫谢茨介绍了当时在普林斯顿的胡列维茨，后者答应在1937年暑假后来北京大学任职，收下了北京大学付给的500美元旅费后返回波兰老家。江泽涵就聘请胡列维茨来北京大学任教一事已与学校协商妥当，但这一切都被1937年的"七七事变"打乱了。北京大学当时已不能正常开学，便立即电告胡列维茨阻止他来北京。后来胡列维茨函告江泽涵，用旅费到美国了。

江泽涵为聘请到胡列维茨这样正处于学术巅峰期的数学家而高兴，新闻记者还为北京大学宣传，胡列维茨将来北京大学任教一事曾在南北多种报纸上登载。无奈战事一开，胡列维茨无缘北京大学数学系，不得不说是一件憾事！莱夫谢茨、博苏克、弗罗伊登塔尔以及数学传记历史档案网站对胡列维茨的介绍都没有提及胡列维茨与北京大学数学系的联系，笔者特在此补充完整。

抗战胜利后，聘请胡列维茨一事还有下文。在《胡适遗稿及密藏书信》第二十五册里，据"江泽涵信四十九通"中1945年9月3日给胡适的信记载，江泽涵依旧认为胡列维茨是最合适的人选，盼望他能够来北京大学任教以续八年前未尽之缘。江泽涵写信请胡适转告饶毓泰（当时饶毓泰正在普林斯顿做研究，他原本是江泽涵在南开大学求学时的老师，后任北京大学物理系系主任，曾为中国培养了大批著名物理学家），若胡列维茨无法前来，请饶毓泰和陈省身咨询莱夫谢茨、莫尔斯、维布伦，寻找替代人选。

江泽涵热心于聘请胡列维茨不无道理。首先，江泽涵研习过胡列维茨的《维数论》，并亲自听过他讲授同伦论，一向"以文章取士"的他深知胡列维茨精通代数拓扑学以及胡列维茨的学术影响。更重要的是，胡列维茨能够带着北京大学的学者做研究。1945年11月5日江泽涵给胡适的信描述了其良苦用心：在北京大学，包括江泽涵在内，申又枨、程毓淮、樊畿这些教授都对胡列维茨的研究感兴趣；年轻的王湘浩、孙树本、廖山涛、冷生明更可以跟着胡列维茨做研究。而1945年的胡列维茨已经开始为麻省理工的辐射实验室服务了，鉴于那时货币贬值以及"中外教授同酬"，聘请胡列维茨就更难上加难了。

四、美国二十载（1936—1956）：驰骋于基础与应用之间

1936—1939年，在普林斯顿高等研究院过渡了三年后，胡列维茨在美国找到了教职，进入了北卡罗来纳大学教堂山分校，先后任助理教授和副教授，直至1945年。40年代初期同时在教堂山分校任教的还有后来美国著名代数学家雅各布森，雅各布森还在他的《环论》中感谢过胡列维茨的鼓励和建议。考虑到排犹主义，以及对那个时期美国高校的影响，同为犹太人的他们能在经济萧条时的美国找到工作实属不易。这也多亏了北卡罗来纳大学的校长格雷厄姆和数学系的领导人亨德森开明的政策，他们拒绝了那些排斥犹太人的做法。教堂山分校虽然是个小庙，但在这段时间胡列维茨不仅与沃尔曼完成了《维数论》，而且又在代数拓扑学中有两项重要发现。随后胡列维茨转到麻省理工学院，对应用数学亦有贡献。

1. 正合序列与纤维空间

1941年，胡列维茨在短文《关于对偶定理》中，将上同调群之间的同态组成一个序列，得出了重要结论：序列中每一个同态之象恰是下一同态之核。胡列维茨在短文中为此所起的名字是"自然同态"，这里第一次出现的长正合序列（"正合序列"的叫法是凯利和皮彻在1947年的文章《同调论中的正合同态序列》中提出来的），正是现在所谓的"正合性"。胡列维茨还指出：这个性质不仅囊括了柯尔莫哥洛夫对亚历山大对偶定理的推广，还有许多应用。这个发表在《美国数学会公告》上的难以察觉的摘要，却催生了日后诸

多研究。例如，全空间和纤维的同伦群组成了"纤维空间的同伦正合序列"，同调论公理化中的"正合公理"，凯利和皮彻推广后的正合同态序列……许多定理都包含了"序列是正合的"这一条件或结论。甚至在更早的 1935 年，胡列维茨的系列文章 I 中，在给出紧李群的商空间的覆叠同伦性质时，就得到了"覆叠同伦性质可以得到同伦群正合序列"这个事实。

较之正合序列，胡列维茨这一时期的工作中更大的亮点是在纤维丛。纤维空间，包括纤维丛，以及覆叠空间是计算各种空间同伦群的有力工具。纤维以及纤维空间这两个词语首先出现在塞弗特 1933 年研究三维流形的论文中，不过他引入的纤维空间与现在教材中的纤维空间不同：所有纤维不完全相同，没有通常的底空间结构。还有不得不提的微分拓扑奠基人惠特尼，他在 1935 年引进了具有特殊纤维——球面的纤维空间，称为球丛（球空间）。惠特尼定义的纤维丛，虽然思想明确，但并非每个细节都清楚，纤维丛在志在"示性类"的惠特尼手中充当的只是工具。

1941 年胡列维茨与斯廷罗德合作的文章《纤维空间中的同伦关系》将惠特尼定义的纤维丛一般化，其中有两点值得注意：（1）纤维不需要同胚这个条件；（2）就这个新定义的"纤维空间"首次介绍了"覆叠同伦性质"（简称 CHP）。CHP 在之后法国数学家塞尔的博士论文中得到了应用，此后纤维空间和纤维化开始通过 CHP 来定义。塞尔 1951 年的博士论文在同伦群的计算这个历史难题上取得了突破，他使用的工具是谱序列。为了在论文中建立奇异同调的谱序列，塞尔引入的是现在的"塞尔纤维空间"，其中要求纤维映射针对有限（单纯）复形有 CHP 成立，以至后来胡列维茨 1955 年的文章《关于纤维空间的概念》中定义的纤维空间，要求纤维映射对任意拓扑空间都有 CHP 成立，被称为"胡列维茨纤维空间"。

2．"辐射实验室"与"麻省拓扑学院"

1941 年年底，珍珠港事件后美国加入第二次世界大战。数学，特别是应用数学与科学开始大展身手，是盟军取得胜利的后盾。最有才华的美国本土数学家以及移民避难的犹太数学家当中，许多都参与了战时数学在军事上的应用研究。哈佛大学的伯克霍夫研究流体动力学问题；乌拉姆在曼哈顿工程中发挥了重要作用，他才是真正的"氢弹之父"；作为指挥的麦克莱恩与艾伦伯格在哥伦比亚大学研究机载火力控制问题；还有在纽约的库朗和弗里德里希斯……原子弹为战争画上了句号，真正赢得第二次世界大战胜利的却是雷达。美国雷达工程的核心机构是麻省理工学院辐射实验室，它研制了战场上近半数的雷达。除了拓扑学，胡列维茨在应用数学中也留下了深深的脚印，孕育成果的土壤正是辐射实验室。

胡列维茨 1944—1945 年在辐射实验室工作，这似乎早在 1942 年 7 月 19 日维纳将胡列维茨的简历交给韦弗时就有所预示，维纳当时评价了这位日后在麻省理工学院的同事：

　　胡列维茨是一位非常杰出的数学家，并且他希望投入到服务战争的工作中来。

格廷在辐射实验室领导的小组研制了 SCR-584 雷达——第一个自动跟踪雷达,将伦敦从德军的 V-1 飞弹中拯救出来。在 SCR-584 的研发过程中,成员尼科尔斯研制了图解设计方法,菲利普斯研究了伺服机构中的噪声,胡列维茨研制了采样数据系统,等等。战后,麻省理工学院历时六个月总结第二次世界大战期间参与雷达研制的经验,在 1947 年出版了辐射实验室系列丛书,共 28 册(27 册+索引册),大幅推动了雷达技术的传播。《伺服系统理论》位列第 25 册,其中胡列维茨执笔撰写了第 5 章"滤波器和带有脉冲数据的伺服系统",并参与讨论了第 2 章"数学背景"。胡列维茨在书中展示了如何把奈奎斯特稳定性判据扩展到能够处理采样数据系统,并找到了一种途径,最终催生出了用来分析采样数据系统的 z-变换方法。

表2　1944—1945 年胡列维茨在辐射实验室的若干研究报告

序号	标题	出处	备注
1	Stability of Mechanical Systems	国防研究委员会报告(1944)	与格林伯格合作
2	Servos With Torque Saturation, PartI	辐射实验室555号报告(1944-5-1)	与尼科尔斯合作
3	Servos With Torque Saturation, PartII	辐射实验室592号报告(1944-9-28)	
4	Errors in Target Velocity due the Rolling End and Pitching of the Ship	辐射实验室612号报告(1944-8-28)	
5	On Servos With Pulsed Error Data	辐射实验室721号报告(1945-4-26)	

辐射实验室中的物理学家固然重要,但数学家、机械工程师、材料学家等不同学科背景的专家与物理学家沟通协作,多学科交叉

定向研究的开展，才能攻克雷达技术的核心。

1946年胡列维茨留在了麻省理工学院数学系工作，两年后任教授。创校之初的几十年，麻省理工学院的数学系是个只管教书的"服务系"。数学在第二次世界大战中发挥的作用，使得学校领导懂得了数学的重要性，对数学系的重视使得其地位由教学型转为研究型。除了胡列维茨和怀特海德这两位拓扑学名家，数学系又找来至少6位拓扑学专家，被戏称为"麻省拓扑学院"。

在麻省理工学院任教的十年里，胡列维茨培养了几位出色的博士。比如从北卡罗来纳大学追随他而来的杜贡济后来以杜贡济扩张定理闻名，还有将莱夫谢茨不动点定理推广到多值映射后转而在黎曼几何中做得很出色的奥尼尔，以及后来在密歇根大学当过系主任、指导了29位博士生的希尔兹。由于1956年意外去世，胡列维茨没能看到他和法德尔涉及纤维空间的谱序列的3篇合作文章在1957—1958年问世，这些是他在麻省理工学院期间留下的最后作品。

五、结语

一百多年前，数学界两位泰斗之一的庞加莱创立了拓扑学，时至今日数学界依然在享用着庞加莱的遗产。仅基本群一个概念就给拓扑学、函数论、微分方程、代数几何、微分几何等领域带来了累累硕果。而在1935年之后，一整套有效工具的建立（同调及上同调、同伦、纤维丛与示性类、广义上同调）、一系列重大结果的取得（流形的刻画与分类、流形上的不同结构、嵌入与浸入问题、进入其他数学分支）给拓扑学带来了巨大发展。而胡列维茨无疑是拓扑学开始大发展的标志性的一环。在同伦论中，胡列维茨从庞加莱的基本群思想不仅归纳出高维同伦群的定义，而且系统研究了其性质以及与同调群的联系，这是同伦论进入高速发展的起点。他还发现正合序列，并在纤维丛理论中引入覆盖同伦性质，推广惠特尼的纤维丛，后来又在塞尔的文章之后，得到胡列维茨纤维空间。在点集拓扑学中，他引入正规族和紧化定理，将维数论从欧氏空间的子集发展到可分度量空间中，等等。回顾胡列维茨的学术生涯，不难看出他善于抓住数学对象的本质特征，并将之放到更大的范围中发挥出更大的作用。这不是简单的推广，而是发明了新的技术和概念，将拓扑学带上了更高的台阶。

现代同伦论中，胡列维茨 1935—1936 年的 5 篇文章是一座里程碑。同伦论中的光芒有点遮蔽了他在其他方面的工作，例如，1943—1944 年他在布朗大学任客座教授时完成了《常微分方程讲义》一书；1944 年发表在《数学年刊》上的《不含不变测度的遍历定理》，将伯克霍夫的遍历定理推广到了不含不变测度的空间中去；等等。这些都是值得提及的工作。

胡列维茨曾写过一本同伦论的著作，未完成的书稿似乎在他去世后不久的一次大火中被毁掉了，他的早逝是书稿未能完成的主要原因。1956 年，在墨西哥参加代数拓扑学国际会议之余，胡列维茨在游览尤卡坦州乌斯马尔的一个金字塔时，也许是心不在焉的习惯，意外跌倒导致重伤。9 月 6 日在墨西哥梅里达的一个医学中心去世，享年 52 岁。胡列维茨在创造力还处于全盛时期时就去世了，对于数学界的确是一个巨大的损失。正如当时同在墨西哥参会的莱夫谢茨和艾伦伯格所说：当坏消息传来时，参会者都震惊了，对数学界来说这真是黑暗的一天。但他的贡献依然熠熠发光，直到永远。

（作者：张　勇　邓明立）

格里戈里·佩雷尔曼

大象无形的数学奇人

格里戈里·佩雷尔曼
(G. Perelman, 1966—)

雨天，在一座破旧的多层楼房前，一名全身裹在玻璃纸雨衣里的男子正要开门。他磨磨蹭蹭地开锁，开了很久。

"您需要帮助吗？"

"谢谢，我自己来。"

陌生人扭头看着我们，于是……我们无话可说了。在我们面前的是难以捉摸的格里戈里·佩雷尔曼，他蓄着胡须，有一双狡黠的眼睛。数学家迅速算定我们是新闻记者，马上又把头缩在雨衣中拨拉着门锁。门开了，格里戈里用力拽开大门走进去，我们跟着他：

"格里戈里·雅科夫列维奇！请停一分钟！"

"啊！"

天才的声音从上面传来。我们只能跟到6层楼，紧挨着房门口。

"知道吗？我不能和你们来往。"学者用低沉可怕的声音对我们说，随后便躲进房间里。

"可是为什么？"我们对着砰然关上的门提问。

"因为我不和任何人来往！"

以上不是小说中的虚构情节，而是一段真实场景。格里戈里·佩雷尔曼，这位证明了庞加莱猜想的俄罗斯天才数学家，当他面对新闻记者时竟然表现得如此匪夷所思，宛如隐匿江湖的世外高人。而就在2006年5月份，国际数学联盟决定将数学界的最高荣誉——菲尔兹奖授予佩雷尔曼，以表彰他在微分几何和几何拓扑领域取得的杰出成就。为了防止被这位数学奇才"放鸽子"，联盟主席约翰·鲍尔甚至专程前往俄罗斯待了两天，苦口婆心地劝说佩雷尔曼接受奖项，然而一切都是白费功夫。同年8月22日在西班牙马德里召开的第25届国际数学家大会上，佩雷尔曼缺席了西班牙国王卡洛斯一世亲临现场的颁奖仪式，很"荣幸"地成为大会历史上继格罗滕迪克之后第二个公开拒绝领奖的数学家，也随之成为全世界瞩目的焦点。这位远离尘世、特立独行的学者，究竟是怎样一位神秘人物呢？

一、天才早慧

1966年6月13日，佩雷尔曼出生于苏联列宁格勒市一个犹太人家庭。从现有的一些材料来看，这个家庭的物质条件谈不上富有，也没有很优越的教育和社会背景。父亲是一个工程师，母亲则是一所中专学校的数学教师。然而，佩雷尔曼从小就显露出超常的数学禀赋和学者气质。当其他孩子还沉迷于游戏玩耍的时候，不到5岁的小佩雷尔曼却终日埋头于数学和历史课本，或是和父亲一起下国际象棋，几乎没有多少同龄伙伴。在他进入小学就读以后，他的数学水平已经远超他的同学，至今还留下一些让人忍俊不禁的故事。佩雷尔曼虽然从小资质过人，却如同其他学生一样，一直都按部就班地完成父母和师长布置的任务,从不刻意炫耀自己的才能。而且,外表沉默内敛的佩雷尔曼还有着富于爱心、热情助人的一面。据说在小学里有一个传统,每个拔尖生都有义务去帮助一个后进生补习功课。有一次,佩雷尔曼被指派帮扶全班学习最差的一个学生,仅仅过了半年时间,他就使那个学生的成绩得到突飞猛进的提高。

由于优异的学业成绩,佩雷尔曼得以进入全苏联著名的数学物理专业学校——列宁格勒第239中学学习。该学校由苏联历史上最伟大的数学家之一安德烈·柯尔莫哥洛夫创立,其宗旨在于网罗那些具有超常科学天赋的学生,并且根据他们的特点给予个性化培养。"这里数学课程(其中一些数学课由柯尔莫哥洛夫亲自讲授)的目标是介绍世界上前沿研究的思想,同时考虑到孩子们的不同背景,柯尔莫哥洛夫强调选择那些闪烁着'上帝给予的灵光'的孩子,而不是那些只是彻底掌握高中数学的学生。"在这所人才荟萃、强手云集的精英学校,佩雷尔曼依旧很快脱颖而出,对于数学的理解甚至超过了很多教师,给人留下深刻印象。在此期间,佩雷尔曼曾两次成为全苏联数学奥林匹克竞赛的优胜者,还在1982年代表苏联参加了在布达佩斯举行的国际中学生数学奥林匹克竞赛,并且以42分的满分成绩获得金牌,"数学神童"的美誉从此不胫而走。随后不久,佩雷尔曼就接到一所美国大学的入学邀请,对方不仅提供了极其丰厚的奖学金,而且还愿意免费为他解决住房问题。自从20世纪80年代开始,由于美苏长期冷战的影响,苏联作为一个传统强国的经济底蕴逐渐被消耗殆尽,对于优秀科技人才的扶持力度也大不如从前，人才流失的现象变得空前严重。在这种情形下，佩雷尔曼如果选择出国留学，一方面可以减轻家庭的经济负担，另一方面在学术事业上也势必能得到更好的发展。然而出人意料的是，面对国外大学抛来的橄榄枝，当时还不到 17 岁的佩雷尔曼却拒绝了。他选择继续留在国内深造，并且被著名的列宁格勒大学数学力学系免试录取。

俗话说：自古英雄出少年。佩雷尔曼小小年纪就展现出如此过人的才华和品行，不禁让他的父母和老师欣喜不已。在很多人看来，拒绝出国深造就等同于高尚的爱国情怀，少年佩雷尔曼的选择也因此被视作爱国行为的典范。可是，对于一个尚未成年的学生而言，这一举动的背后或许并没有强烈的政治动机。值得一提的是，由于自己的犹太血统，佩雷尔曼一方面继承了犹太人重视教育、自尊自强的优秀品质，同时也不可避免地经历了苏联国内反犹主义的恶劣氛围。虽然这种环境与希特勒曾经肇始的残酷年代不可同日而语，却仍然在佩雷尔曼年少敏感的心灵中留下了难忘的印记。作为全苏联闻名的顶级学府，列宁格勒大学每年竟然只招收两名犹太籍学生，应该说这是一种带有典型种族歧视色彩的政策。如果不是因为佩雷尔曼在学科竞赛中崭露头角，他可能终生都难以加入科学精英的行列。另一方面，善良纯朴的老师们为了保护这位年轻天才的自尊，又在学校中想方设法为佩雷尔曼创造了一个相对简单的成长环境，对他呵护有加，尽力杜绝当时社会大环境可能造成的不利影响。因此，尽管曾经受过一些种族政策上的冲击，佩雷尔曼总体上仍然是一个聪慧早熟、思想单纯的孩子，他的一切举动都只不过是其拒绝盲从、追随内心的自然结果，与"爱国""抗美"这样的政治标签扯不上多少关联。也许仅仅是难舍那些曾经倾力培养过自己的师长，抑或在骨子里就不信任美国人招募举动背后的动机，在出国与否这个问题上，从小就崇尚独立思考的佩雷尔曼做出了自己的选择。而这个选择，也在某种程度上预示了他今后的人生走向。

二、数学新星

在列宁格勒大学求学期间，佩雷尔曼的学业一如既往地出类拔萃，毕业后他直接考入斯捷克洛夫数学研究所的列宁格勒分部，开始了研究生阶段的学习。斯捷克洛夫数学研究所创立于20世纪初，是伟大的俄罗斯数学学派最为坚定的守护者，并且取得了遍布诸多数学领域的辉煌成就。然而，由于缺乏政府的资金支持，这个研究所的硬件设施每况愈下，甚至连最起码的物质条件都不具备。研究所位于圣彼得堡市的一座危房中，屋子内外落满了灰尘，墙面上处处可见或深或浅的裂缝，连外面的阳台都处于塌方的边缘。更令人唏嘘的是，为了避免阳台坠到马路上伤及行人，研究所的顶尖学者们甚至不得不用坚固的绳子将阳台捆绑在墙壁上！

耐人寻味的是，纵观科学史，很多伟大的科学成就都是在艰苦贫寒的条件中诞生的。正是在这样令人瞠目结舌的环境中，佩雷尔曼师从世界知名拓扑和几何学专家、苏联科学院亚历山德罗夫院士，获得副博士学位后继续留在研究所工作。在此期间，他在亚历山德罗夫空间理论方面做出了一系列出色的成就，很快就引起了数学家同行的注意，人们意识到一颗耀眼的数学新星即将升起。与此同时，或许是有感于国内学术环境的闭塞，佩雷尔曼逐渐改变了之前独来独往的作风，开始接触苏联以外的数学圈子。1991 年，在苏联几何学家格罗莫夫的热心支持下，佩雷尔曼第一次走出国门，参加了在美国杜克大学举办的国际几何学会议，并被推举为 7 位主旨报告人之一。正是在这次会议上，佩雷尔曼做了题为"曲率有下界的亚历山德罗夫空间"的报告，一举震惊全场，从而让很多人认识了这位横空出世的青年才俊。借助这个契机，格罗莫夫活跃于会议的各种场合，尽力将佩雷尔曼引荐给当时国际数学界的一些重量级人物，其中就有供职于纽约大学的杰夫·齐格。几番交谈之后，齐格教授对佩雷尔曼的才华大加赞赏，并为其提供了一个在纽约大学库朗数学研究所做博士后的机会。这一次佩雷尔曼没有拒绝，而是在第二年的秋天如期来到了纽约。

在研究所工作期间，佩雷尔曼的生活状态丝毫没有变化。如同在苏联国内时一样，他仍旧每天几乎穿着同样的衣服，很少打理自己的头发和胡子，甚至从来不剪指甲。每天的饮食只有一款正宗的俄罗斯黑面包和酸奶，偶尔还会骑自行车去森林中采蘑菇。这种不食人间烟火、简约到极致的生活方式使得佩雷尔曼成为校园里一道独特的风景，很多人因此将他视为科学怪人而不敢靠近，而他也早已习惯了这种我行我素的孤僻生活。有了研究所提供的优厚津贴，他反而落了个悠闲自在。值得一提的是，正是在纽约生活期间，佩雷尔曼结识了一位难得的朋友，他就是华人数学家田刚。或许是研究方向相近的原因，两人在工作之余经常交谈，而田刚也成为佩雷尔曼心目中为数不多的可以信赖的同行朋友之一，尽管他们的关系没能持续多久。1993年，佩雷尔曼取得了一项重大成就，解决了困扰数学界多年的"灵魂猜想"。"灵魂猜想"是由齐格与合作者提出的一个著名拓扑学问题，过去二十年里，诸多拓扑学家耗费巨大努力，却只能解决问题的一小部分。而佩雷尔曼却构思了一套全新的方法，整个证明过程极其简洁优美，竟然只用了几张纸。这次成功使得佩雷尔曼名声大噪，并且得以接触到最为核心的数学家团体，其中就有知名几何学权威理查德·汉密尔顿。在他们的影响下，佩雷尔曼充分吸收了很多最前沿的思想和技巧，并且进一步凝练了自己的研究领域，将微分几何和几何拓扑学设定为今后的主攻方向。

三、破解猜想

作为一位已经得到学界认可的青年数学家，佩雷尔曼并不缺乏在国外长期发展的机遇。可是，他却在1995年突然结束了在美国的工作，以"在这里（俄罗斯）我能更好地工作"为由回到了老家圣彼得堡。关于这位数学奇才为什么会突然回国，一时间众说纷纭。一种流行的说法是当时的一些美国名校对待佩雷尔曼的求职过于谨慎，要求其按照一般程序递交个人简历，因此惹恼了这位自命清高的天才，因为他生来就不适应此类繁文缛节。除此以外，佩雷尔曼的回国决定还与当时的国际政治气候息息相关。自从1991年12月25日苏联正式解体之后，国内的很多犹太人都想方设法移民国外，尤其是以色列和美国等犹太势力强大的国家。佩雷尔曼的父亲和妹妹也乘势加入了移民行列，陆续离开了俄罗斯。然而，身为知识分子的母亲却甘于忍受国家动荡和清贫之苦，坚决不愿意离开俄罗斯。应该说，这件事对佩雷尔曼的触动更大。曾经的超级强国在一瞬间变得风雨飘摇，也使得这个原本和睦保守的家庭分崩离析，在此情势下每个人都必须做出迫在眉睫的抉择。作为一个性格鲜明的学者，抑或一个在世界观和个人情感上极为倔强执着的儿子，佩雷尔曼选择了放弃国外优越的发展环境，回到了俄罗斯重新开始，并且发誓与自己的母亲永不分离。这或许应验了那句老话：科学无国界，但科学家有祖国，特别是有家庭。

回国后，佩雷尔曼重返斯捷克洛夫数学研究所工作了几年。研究所的同事们惊讶地发现，佩雷尔曼再也不愿意撰写任何学术论文，或是申请官方资助的各类研究项目。可是，如果不公开发表一定数量的论文，任何人都无法获得岗位晋升的机会。面对这种处境，佩雷尔曼没有妥协，而是一如既往地追随自己的自由意志，甩开了名利的诱惑以及体制化的束缚。没有了这些世俗的羁绊，佩雷尔曼反而能更加心无旁骛地致力于漫长艰深的思考。印度裔的著名物理学家钱德拉塞卡曾经感叹道：

> 对科学的追求常被比喻成攀登一座很高但又不是高不可攀的山峰。我们当中有谁能够奢望（即使是在想象中），在一个天气晴朗无风的日子里去攀登珠穆朗玛峰并达到它的顶点，在宁静的空中，纵览那在雪中白得耀眼的一望无涯的喜马拉雅山脉呢？

然而，作为一个胸存大志的天才学者，佩雷尔曼决不仅仅满足于解决一些短平快的问题，而是将目光瞄向了拓扑学中的"珠穆朗玛峰"——庞加莱猜想。

1904年，被誉为全才数学家的庞加莱提出了一个看似很平凡的拓扑学猜想：如果一个三维流形是封闭的且单连通，则它必定同胚于三维球面。用现代数学语言可以将其重述为：如果 M 是一个基本群平凡的闭三维流形，则 M 微分同胚于 $S3$。此猜想一经提出，就成为拓扑学中具有重大开创意义和奠基性的问题，并且被进一步推广至三维以上的空间，统称为"高维庞加莱猜想"。著名华人数学家丘成桐曾经指出，人类一日不解决庞加莱猜想，就不能说完全理解三维空间的结构。众所周知，很多拓扑学问题虽然具有清晰的直观意义，在数学工具和技巧的层面上却极其抽象复杂。在研究庞加莱猜想的过程中，数学家们曾经提出数十个所谓的完整证明，然而都被发现存在无法补救的重大漏洞。因此，庞加莱猜想也被赋予了一层浓厚的悲剧色彩，堪称仅次于黎曼猜想的第二号超级数学难题，在长达半个世纪的时间里让人们几乎无从下手。直到20世纪60年代，美国数学家斯梅尔才另辟蹊径，绕过三维情形首先解决了五维以上的庞加莱猜想。随后，在英国数学家唐纳森的成果基础上，弗里德曼在1983年攻克了四维庞加莱猜想。然而，让数学家们备感头疼的是，已有的工具在面对三维情形时却仍然束手无策。胡作玄先生评论说：

三维问题比起二维以及高维问题困难，其关键是三维的问题复杂而多样，可是拓扑学家的工具库中的可用工具却少得可怜。

因此，数学家必须开发出更加强有力的思想方法。若干年之后，威廉·瑟斯顿终于在三维流形的问题上取得了重大突破。借助几何分析的方法对三维流形进行有限切割，瑟斯顿提出了一个关于所有三维流形上双曲或其他局部齐性度量存在性的更一般的猜想，即三维流形上的几何化猜想。几何拓扑学家们意识到，瑟斯顿三维流形上的几何化猜想意味着在三维情况时拓扑和几何之间密不可分，同时更关键的是，它可以将庞加莱猜想作为一个特殊情形纳入其中，并且适用于所有的闭定向三维流形。由此，数学家对问题的最终解决终于有了明确的思路，如果能够证明瑟斯顿三维流形上的几何化猜想，那么庞加莱猜想就会成为一个显而易见的推论。然而，在三维流形上实现瑟斯顿的想法牵涉很多非常困难的技术手段。又过了二十年，汉密尔顿终于提出了解决三维流形上的几何化猜想的总体策略：通过应用一族被称为"里奇流方程"的性质及其行为，数学家可以在三维流形上构造所需要的拓扑手术，从而使不规则的流形获得平滑和对称的形状。这个构思极富想象力，似乎扫清了证明庞加莱猜想的最后障碍，可是汉密尔顿发现在对流形实施里奇流手术的过程中，总会出现一些无法控制其走向的奇点。因此，如何发展出一套合适的系统来处理奇点问题，则成为证明猜想之前最为关键和困难的一步。

美国数学物理学家弗里曼·戴森曾经将数学家分为两类——"飞鸟"和"青蛙":

> 有些数学家是飞鸟,其他的则是青蛙。飞鸟在天空中翱翔,俯瞰着一大片延伸至遥远天际、广袤无垠的数学景观。他们喜好那些能统一我们的思想,并且将来自不同领域的问题整合在一起的概念。而青蛙则生活在大地的淤泥之中,只能看见生长在周围的花朵。他们乐于钻研特定课题的细节,并且满足于解决一个又一个的具体问题。

值得一提的是,佩雷尔曼正是一个不拘一格、兼备"飞鸟"和"青蛙"气质的通才数学家。他不仅有着集百家之所长的宽广视野,同时也精通解决具体问题时所需的高超技巧。在汉密尔顿、瑟斯顿等人的成就基础上,佩雷尔曼提出了一系列极富原创力的思想方法,最终完美地解决了奇点问题。由于奇点之间具有各式各样的生长速度、位置和尺度,对其进行直接的单个化处理会异常困难。佩雷尔曼综合了几何分析和微分方程领域中的大量工具,发展了一套统一的系统用于对流形进行预防性的手术,从而可以及时发现和有效控制奇点,并且把里奇流经过奇点延展出去。此外,他从统计物理学中汲取了灵感,极其巧妙地构造了一个熵泛函公式,从而排除了最令数学家头疼的"雪茄"类奇点,使得任何三维流形在里奇流演化操作下趋于均匀,最终获得正则化的几何结构。

四、大隐于"数"

从 1994 年到 2002 年,在这整整八年的时间中,佩雷尔曼几乎完全消失在主流数学界的视线之外。然而,就在人们要将他彻底遗忘时,这位曾经名震学术江湖的高人又再次出现,并且带来了庞加莱猜想已经破解的爆炸性消息。从 2002 年 12 月开始,佩雷尔曼将关于证明梗概的 3 篇论文以预印本的形式,陆续发表在康奈尔大学图书馆的 ArXiv(大意为文献)共享网站上,并且给一些几何拓扑学界的权威学者发了电子邮件,请求他们对论文的正确性予以评价。佩雷尔曼的这一举动依然保持了其一贯的风格,SCI 和影响因子之类的世俗标准对他而言毫无意义,他唯一需要的就是对真理的追求和尊重!佩雷尔曼毕竟不同于常人,消息一经发布整个数学界便为之轰动,3 组世界顶尖的数学家团队闻风而动,开启了对其证明的验核和解释工作。他们分别是约翰·摩根(哥伦比亚大学)和田刚(普林斯顿大学)、布鲁斯·克莱勒和约翰·洛特(密西根大学)、朱熹平(中山大学)和曹怀东(里海大学)。然而,审核工作却进行得异常艰辛,佩雷尔曼的证明是如此精深,以至于这些数学界的权威专家都花了将近四年时间才将其弄明白。洛特教授对此"抱怨"道:

> 考虑到他在区区几页纸上开辟了多少全新领域,佩雷尔曼的论文是撰写得极为细致的,可是,这并不意味着我们可以坐在一起,然后很快就能决定他的论证是否完备。

由于佩雷尔曼独特的思维和写作风格，已经公开的 3 篇论文在内容上高度浓缩，在论证结构上跳跃性极强，缺少详尽的技术细节。为了尽快澄清这些证明，田刚等人邀请佩雷尔曼前往美国举办研讨会，亲自向数学界讲解他的工作。2003 年 4 月，佩雷尔曼来到美国进行他的系列巡回讲演。2004 年 5 月，在确信数学界已经正确理解了他的证明之后，佩雷尔曼又回到了圣彼得堡。

2006 年年底，美国《科学》杂志刊登了一篇报道，题目是《庞加莱猜想——已经得到证明》，报道中写道：

> 对于数学家而言，格里戈里·佩雷尔曼对于庞加莱猜想的证明完全配得上最近十年来的重大突破。但是，他们也耗费了其中的大多数时光来确信这一切都是真实的。2006 年，在俄罗斯数学家公布了 3 篇证明梗概中的第一篇之后近四年，研究者们最终达成共识：佩雷尔曼已经解决了整个学科领域中最令人肃然起敬的难题之一。

在结束了漫长的审查工作之后，整个数学界因为佩雷尔曼的巨大成就而欢欣鼓舞，对于当事人的嘉奖也理所当然被列入议事日程。2006 年，国际数学联盟一致通过决议，授予佩雷尔曼四年一度的菲尔兹奖章。很明显，对于一个数学家而言，获得菲尔兹奖堪称至高无上的荣耀，也意味着加入顶级数学权威的行列。更加令人艳羡的是，除了巨大的学术声誉，破解庞加莱猜想还会带来一笔巨额的经济奖励。2000 年 5 月 24 日，在"费马大定理"的证明者、牛津大学安德鲁·怀尔斯教授的参与下，由亿万富翁兰登·克莱捐资建立的克莱数学研究所专门挑选出了 7 个"千禧年大奖难题"，包括库克问题、黎曼猜想、伯奇和斯温纳顿－戴尔猜想、纳维－斯托克斯方程、杨－米尔斯规范场存在性和质量缺口假设、霍奇猜想以及庞加莱猜想，并为每个问题的解决者提供 100 万美元的巨奖。

值得一提的是，根据克莱数学研究所的规定，申请人必须将研究成果发表在权威期刊上，才能得到评奖委员会的正式认可。然而，佩雷尔曼却仅仅将论文挂在互联网上，让所有对庞加莱猜想有兴趣的人了解自己的工作，始终拒绝向各大数学权威期刊投稿。或许，在这位伟大数学家的心目中，除了数学本身，没有任何所谓的"权威"有资格去衡量和评判他。此外，当有人问他是否担心研究成果的知识产权归属问题时，佩雷尔曼则给出了如此爽朗大度的回答：

> 我基于以下的出发点：假如我的工作出现了差错，而有人利用这一差错得出了正确的证明，这将使我心满意足。我从未给自己设定过要成为庞加莱猜想唯一破解者的目标。

面对当事人拒绝配合的尴尬局面，经过几番讨论后，克莱数学研究所决定不受已有规则的限制，破例将"千禧年大奖"颁发给佩雷尔曼。

面对名利双收的诱人前景,佩雷尔曼表现出一种超越世俗的冷静和淡漠。他反复向周围的人强调学术界的所谓承认是无关紧要的,经过八年时间庞加莱猜想被彻底解决,这件事本身就足以说明了一切。他不需要名誉,不需要金钱,只想平平静静地过自己的生活。对佩雷尔曼有提携之恩的格罗莫夫对此给出这样的评价:

> 要做出伟大的工作,必须要有一颗纯洁的心灵。你只能考虑数学,其他所有的一切都是人性的弱点。如果接受了那些荣誉和奖金,那就是弱点的体现。

另一位俄罗斯数学家瓦斯克也对克莱数学研究所的"学术营销"做法大加质疑:

> 我实在怀疑,绑定在解决科学问题上的"金钱标签",而不是科学家发自内心的强烈兴趣,是否能够激发数学家的热情?

其实,这并不是佩雷尔曼第一次回绝来自官方的荣誉,早在 1995 年,他就曾经拒受欧洲数学学会颁发的杰出青年数学家奖。然而,佩雷尔曼的诚恳表态非但没有得到公众的理解,反而为他招致了更多的纷扰。新闻记者和好事者接踵而至,意图对他苦行僧般的私人生活一观究竟,以满足人们的好奇心和窥探欲。这也就出现了本文开头描述的场景，面对记者的采访要求，佩雷尔曼干脆将自己彻底封闭了起来——

> 我不会回答你们的问题，这是我的生活，想做什么就做什么，请你们离开这里！

与新闻媒体相比，佩雷尔曼对待他的数学家同行要客气一些。为了防止嘉奖决议落空，国际数学联盟主席鲍尔爵士不惜放下架子，千里迢迢赶到圣彼得堡。鲍尔提出了几套方案供佩雷尔曼选择，甚至许诺可以将菲尔兹奖章直接寄到圣彼得堡，可谓诚意十足。佩雷尔曼与这位数学界的领袖进行了友好的交流，可是，对待领奖的态度却依旧毫不含糊：作为一名数学家，他不值得获得如此广泛的关注；对于以荣誉和金钱为手段宣传学术的做法，他也丝毫不能认同。此外，佩雷尔曼还对数学界的学术权力运作深为不满，而这才是其拒领菲尔兹奖的关键原因。根据大多数专家的看法，在攻克庞加莱猜想的过程中，汉密尔顿提出了解决问题的总体框架，而佩雷尔曼则发明了更为具体的操作路线和精湛技巧，两者都做出了不可磨灭的巨大贡献。这里有必要提一个小插曲，在佩雷尔曼的美国之行中，作为里奇流理论奠基人的汉密尔顿却表现得颇为耐人寻味。本该侃侃而谈的他在研讨会上几乎不置一词，对待佩雷尔曼的态度相当冷漠，甚至连提出的问题都有失水准，而这也让一向敬仰汉密尔顿的佩雷尔曼大失所望。其实，汉密尔顿的姿态并不难解释。一位学者穷尽此生意图达成某个目标，却被另一个突如其来的竞争者踩在肩膀上捷足先登，多年来的殚精竭虑最终付诸东流，这种希望破灭后带来的痛苦和失落感自然是可以理解的。然而难能可贵的是，佩雷尔曼并不计较这些个人恩怨，而是为汉密尔顿未能与他共享菲尔兹奖鸣不平，对此他直言不讳地说道：

> 简而言之，（拒领菲尔兹奖）主要的原因是我不同意组织化的国际数学界的决定。我不喜欢他们的决定。我认为他们不公正。

有科学史和科学哲学研究者认为：虽然有着各种各样关于科学家的神话，比如安贫乐道而视金钱如粪土、高瞻远瞩而明察秋毫、一心一意追求真理而别无旁骛，诸如此类，如此这般的描述不一而足。当然，不能说绝对没有这样的科学家，即使有，想必人数也不会太多，大多数科学家与普通人在品德和秉性上其实并不会存在很大差别。然而，佩雷尔曼就是这样一个活生生的、常人无法企及的神话般的人物。在历届颁发的菲尔兹奖章上镌刻着一句话：

> 超越你的理解力，使自己成为宇宙的主人。

这句话取自古罗马诗人马尼利乌斯在《天文学》中撰写的一段名言：

> 你求索的目标是上帝；你正在探寻翱翔天空的路途，

尽管生来就遭受命运的左右，却不惜一切去聆听命运的感召；超越你的理解力，使自己成为宇宙的主人。多少辛劳就有多少回报，没有牺牲，也就无从获取崇高的成就。

或许，在佩雷尔曼看来，他的一生已经实践了以上箴言的真谛，那么其他一切人为的认可都不过是画蛇添足而已。

此外，自从因证明庞加莱猜想一夜爆红之后，为了躲避人们的关注，佩雷尔曼与先前的相识者全部断绝了联系，而他昔日的好友田刚就是"受害者"之一。田刚曾经在 2004 年接受过一次《科学》杂志的专访，对宣传佩雷尔曼的功绩起了推波助澜的作用，也正是这一做法深深刺激了他的俄罗斯老友。从此以后，佩雷尔曼不再与田刚有任何联系。田刚和摩根辛苦数年从事佩雷尔曼证明的注释工作，他们将所有的详细注解集结成书并邮寄给佩雷尔曼，然而却被原封不动地退回。2005 年 12 月，佩雷尔曼辞去斯捷克洛夫数学研究所的职位，退出了数学界。2006 年之后，这位声称"我应有尽有"、颇具隐士风范的奇人终于完全消失在人们的视线中，就连神通广大的媒体记者都难觅他的踪影。有人说佩雷尔曼和母亲居住在圣彼得堡郊外一处秘密的屋子里，拒绝与任何人来往；也有人说他申请了国外的工作签证，带着母亲跑到了其他国家。总之，这位远离尘嚣的数学家就如同人间蒸发了一般，从此杳无踪迹，在人类社会的"流形"中彻底隐没了。

五、大象无形

在外界看来,佩雷尔曼的种种行为实在令人匪夷所思。在他隐退之后,惊讶、惋惜、不解甚至嘲讽之声更是不绝如缕。然而,如果将这些个人行为放在俄罗斯历史和文化的大背景下来考察,佩雷尔曼的人生选择或许并不那么令人费解。

众所周知,独特的自然地理环境以及长期杂糅于东西方文明之间的社会历史背景,造就了俄罗斯人特有的心理意识。其中既有坚韧不屈、粗犷豪放的气质,又有一种近乎神秘主义、遗世而独立的狄奥尼索斯精神,而所有这些又集中体现在俄罗斯知识分子这一特殊群体的身上。纵观历史,俄罗斯学者一直保持着独立自强的精神风貌,即使在物质条件匮乏、备受政治和意识形态高压的情况下,他们都能在夹缝中生存,取得丝毫不逊于国际同行的辉煌成就。对于此种将知识追求和世俗欲望相分离的态度,格罗莫夫曾经深有感触:

> (在俄罗斯)存在一种对于科学和数学的非常强烈的浪漫主义态度:这些领域都是如此的美妙而非凡,它值得你奉献出自己的一生。我不知道在其他国家是否也是如此,因为在我受教育的时期我从来没有去过别的地方。但是,那是一种我和许多其他来自俄罗斯的数学家共同继承的态度。

事实也的确如此，正是在这种类似于中世纪圣徒精神的召唤下，俄罗斯数学家取得了众多彪炳千秋的伟大成就，柯尔莫哥洛夫、亚历山德罗夫、庞特里亚金、格罗莫夫……这一连串耳熟能详的名字早已被写入教科书中，位列世界一流数学家之林。

此外还值得注意的是，历史上拒绝名利诱惑的俄罗斯人士并不鲜见：文学巨匠列夫·托尔斯泰对各类荣誉不屑一顾；有着"俄罗斯良心"之称的索尔仁尼琴曾两次拒绝政府颁发的奖项；直至今天，诸多俄罗斯科学家面对别国的重金招揽却不为之所动，而是不忘初心、坚守故土……坚持事实和真理、不向虚荣低头、拒绝依附某种势力，铸成了俄罗斯优秀知识分子的共同品质，而佩雷尔曼的另类人生，不过是俄罗斯民族精神的一个颇为奇特的缩影，也是对默顿理想主义科学规范的最佳诠释。尽管科学知识社会学已对科学活动的世俗性进行了无情的揭露，但让人们倍感欣慰的是，像佩雷尔曼这样别具情怀的科学精英却依然存在，并且时常从那些不起眼的角落里绽放出耀眼的光芒。

英国数学家哈代曾经说过，他之所以选择成为一名数学家，是因为数学是一门无害而清白的学问。事实也的确如此，只有纯净的内心，才能发现真正的自己。从古至今，凡是那些位居人类知识顶峰、徒手摘星的伟大学者，无一不拥有一颗安于平淡、纯粹澄明的灵魂。可是，徜徉数学若干年之后，佩雷尔曼却失望地发现，不仅仅是数学，在当今整个学术界，知识、利益、政治……所有这些元素都以某种体制化的方式盘根错节地纠缠在一起，以至于将每个知识从业者无可避免地裹挟其中。诚如默顿所言，"普遍主义""公有性""无私利性"以及"有组织的批判精神",这些规范理应成为学术界的最高道德指南。作为一种实践人生价值的手段,数学曾使佩雷尔曼达到个人成就的巅峰,而一旦其成为获取名望和利益的工具,就再也不能满足他渊深的心理和精神追求了。因此,佩雷尔曼不惜放弃唾手可及的一切,不恋荣华,功成身退。

只要我还不出名,我就有得选择……现在,当我成为一个公众人物后,我不愿意像一个宠物那样成为人们关注的焦点,同时又无法口吐真言,所以我只能退出。

由此观之,像佩雷尔曼这样禀赋卓绝、自我意识丰富而淡泊的生命,是注定不会驾循一道按部就班的轨迹滑行到终点的。

1909年,在布鲁塞尔自由大学建校七十五周年的庆典上,庞加莱发表了他对科学精神的看法:

自由对于科学,就如同空气对于动物。如果被剥夺了这种自由,科学就会窒息而亡,就像鸟儿没有了氧气。并且,这种自由必须是无拘无束的,因为如果一个人意图施加任何限制,他所获取的仅仅是一种残缺不全的科学,而这再也不是真正意义上的科学,因为它可能是,而且必定是一种错误的科学。思想永远不能附属于任何教条、政党、情感、利益、先入之见,以及其他任何事物,除了事实本身。因为对于科学而言,处于从属地位也就意味着消亡。

庞加莱的至理名言，在今天读来依旧粲然生辉。毫不夸张地说，在数学上，佩雷尔曼完美解决了庞加莱遗留下的世纪难题；而在人生哲学和学术伦理的层面上，他也是庞加莱生前所倡导的科学自由精神的真正传人！爱因斯坦亦曾说过：

> 把人们引向艺术和科学的最强烈的动机之一，是要逃避日常生活中令人厌恶的粗俗和使人绝望的沉闷，是要摆脱人们自己反复无常的欲望的桎梏。

作为一个特立独行、决不随波逐流的智者，佩雷尔曼终其一生所追求的正是个人思想和意志的自由，除此以外，一切层面上的荣誉、财富、地位……都毫无意义。纵观古今，如此执着的科学家，如此纯粹的心灵，在世上能有几人？

关于佩雷尔曼的故事已经结束，斯人已隐去，空余长叹息！一个人活在世上，究竟应该留下怎样的足迹？是追逐功名利禄，还是自我价值的实现，抑或享受一种生活中的淡泊和满足？对于此，每个人都会做出不同的选择。佩雷尔曼的人生之所以会触动我们，或许是因为每个人的内心深处，都向往着一种既辉煌又平凡的生活，可是，却没有多少人拥有足够的才华和勇气去追寻它。然而，佩雷尔曼做到了，其绚烂至极、复回平淡的精彩人生足以给我们留下久远的思考，诚如英年早逝的瑟斯顿所评价的：

佩雷尔曼对公共场面和财富的厌恶令许多人迷惑不解。我没有跟他讨论过这个问题,也不能代表他发言,但是我想说,我对他内心的强大与清晰感到共鸣和敬仰。他能够了解和坚持真实。我们真实的需求位于内心深处,然而现代社会中的我们大多在条件反射式地不断地追逐财富、消费品和虚荣。我们在数学上从佩雷尔曼那里学到了东西。或许我们也应该暂停脚步,从佩雷尔曼对生活的态度上反思自己。

(作者:沈 楠 徐 飞)

沙勒
博学的数学家和天真的收藏家

沙勒
（M. Chasles，1793—1880）

沙勒这个名字中国人可能并不十分熟悉，除了《中国大百科全书》和少数数学史辞典，已经出版的中文世界数学家传记中不见收录。不过，翻开19世纪的法国数学杂志（如《巴黎综合工科学校学报》、热尔岗的《数学年刊》、刘维尔的《纯粹与应用数学杂志》、泰尔康的《新数学年刊》、《科学院会议纪要》等），我们就能发现他是一个多产的一流几何学家，与同时代的刘维尔、贝特朗和普瓦索齐名，是巴黎埃菲尔铁塔上所列"七十二贤"之一。

一、生平述略

沙勒于1793年出生在法国沙特尔地区一个中上阶级的天主教家庭，父亲是位木材商和承包商，曾任沙特尔商会会长。沙勒在公立的帝国中学读书，1812年考取巴黎著名的高等学府——巴黎综合工科学校。翌年，正是欧洲战局发生大转变的时候。10月，法国在莱比锡战役中战败，到了1814年1月，联军进入巴黎。沙勒和其他大学生一样被动员起来，参加了保卫巴黎的战斗。拿破仑战败后，于4月6日退位。战争结束后，沙勒又回到了巴黎综合工科学校。不久，他被工程兵团录用，但他把这一机会让给了一位家境贫寒的同学。从这里我们可以看出，年轻的沙勒心地善良，富有同情心。

在家里待了一段时间后，他遵从父亲的意愿，到巴黎的一家股票经纪公司工作。但沙勒似乎对经商并无兴趣，在商场十余年，最终以失败告终。1827年，他回到了家乡，开始了自己最喜欢的数学和数学史研究。

1837年，44岁的沙勒出版《几何方法的起源和发展历史概述》，一举成名。就数学家而言，沙勒的这个成名时间已经算很晚了，但千万不要将他列入"大器晚成"的一类。事实上，早在巴黎综合工科学校读书时，沙勒就已经发表了3篇几何方面的论文，只不过这些论文的价值当时并没有被人们认识而已。此后，他保持着常盛不衰的创造力，直到生命的最后岁月。这在数学史上是不多见的。

1841年，48岁的沙勒进入自己的母校巴黎综合工科学校任教，所教课程包括大地测量学、天文学和应用力学。1846年，他被巴黎大学理学院聘为高等几何学教授，在12月22日的开学典礼上，沙勒做了几何学发展历史的长篇演讲。此后他一直任职于该校。英国数学家赫斯特曾于1857年11月18日去巴黎大学听过沙勒的几何课，但印象十分不佳，觉得他缺乏幽默感，表达还很不流畅，所讲的课与他写的书比起来简直是天壤之别。也许学问做得好的人书不一定教得好，也许沙勒因为忙着写论文根本就没有好好备课，也许英国人对一堂课的评价标准与法国人并不一样，也许赫斯特听课前的期望值太高。但不管怎样，沙勒对法国高等几何学的教学做出了开创性的贡献。

沙勒1839年当选为法国科学院通讯院士，1851年当选为院士。1854年当选为英国皇家学会会员。他也是比利时、丹麦、瑞典、意大利等国的皇家科学院外籍院士，美国国家科学院的外籍院士，俄国圣彼得堡科学院通讯院士，伦敦数学会第一个外籍会员。由此可见他在当时的国际声誉。

1865年10月，在英国皇家学会理事会成员赫斯特的提名下，沙勒因在几何学领域的创造性工作而荣获英国皇家学会的科普利奖章。年事已高的他没有参加授奖仪式。在1865年11月30日所记日记中，赫斯特这样写道：

> 现在我还有一事要做，那就是穿越海峡到巴黎巴克大街圣玛丽路去，亲手将奖章交给沙勒，作为对一位除斯坦纳外在决定我自己的事业上最有影响力的人。

1865年12月24日，赫斯特在巴黎沙勒的家中将奖章交给了他。沙勒终身未娶。除了数学，他还热心于慈善事业，是巴黎"科学友人救济会"的会员。沙勒去世后，《大众》杂志主编、数学家穆瓦尼奥亲绘其肖像一幅，相继发表于《自然》杂志和《大众》杂志。

二、数学和数学史研究

沙勒最重要的数学贡献在于创立枚举几何学这个崭新的研究领域。枚举几何学主要研究某个曲线族中有多少满足某些代数或几何条件的问题。1846年，沙勒考虑了满足四个和五个条件的圆锥曲线族问题。他建立了特征理论以及几何变换理论。他将圆锥曲线族的"特征"定义为两个数——过任一点的圆锥曲线数以及与一已知直线相切的圆锥曲线数,然后用这两个数来表示圆锥曲线族的许多性质。沙勒得到:与五条固定的圆锥曲线相切的圆锥曲线共有 3264 条。沙勒还将他的许多结果推广到更一般的曲线或曲面上去。在沙勒工作的基础上,德国数学家舒伯特和丹麦数学家、数学史家邹腾进一步发展了枚举几何学。

沙勒写过两部重要数学著作。一部是 1852 年出版的《高等几何》,书中讨论交比、单应域和单应束以及对合概念,特别是在交比理论方面做出了重要贡献。另一部是 1865 年出版的《圆锥曲线》,书中利用《高等几何》中所讨论的方法对圆锥曲线进行了研究,有许多创见。如他将圆锥曲线看作两个没有不变线的单应束中对应线交点的轨迹,或两个没有不变点的单应域上的对应点连线的包络,讨论了圆锥曲线射影特征的一些结果。书中还包含了枚举几何学的许多结果。

沙勒在分析方面也做过重要的工作。1837 年,他在研究椭球体对球外一点的引力这个当时十分著名的难题时,引入三个变量偏微分方程的等位面概念;1846 年,他利用综合几何(而非解析几何)的方法解决了椭球体的引力问题。勒让德和泊松曾经认为,综合几何学方法的源泉容易枯竭,因此沙勒的方法震惊了当时的数学界,这意味着综合几何学方法的胜利。

沙勒对数学史的兴趣与当时的学术背景是不无关系的。1758 年法国数学家蒙蒂克拉出版《数学史》,1799 年出版第二版,由法国天文学家拉朗德完成第三卷并续写了第四卷,该书成了数学史经典之作;1802—1810 年,法国数学家博叙出版《数学通史》;1819 年葡萄牙数学家斯托克勒在巴黎出版《葡萄牙数学发展史》；意大利数学家利布里也在巴黎从事数学史的研究，并于1835年用法文出版《意大利数学科学史》。著名数学家拉克鲁瓦、天文学家毕奥、数学家泰尔康、贝特朗等都对数学史研究抱有浓厚的兴趣。因此在当时的法国数学界，数学史研究可谓方兴未艾。

19世纪上半叶，一些西方学者开拓了东方数学史研究领域。英国东方学家科尔布鲁克于1817年出版《婆罗门笈多、婆什迦罗梵文中的算术、测量和代数》；德国东方学家罗森译注了花拉子米的代数著作，由皇家亚洲学会于1831年出版；法国东方学家塞迪约在研究法国皇家图书馆所藏阿拉伯数学手稿的基础上，先后出版《东方数学史新研究》（1937）和《希腊与东方数学比较史料》（1845）；德国数学家沃普克先后翻译出版艾布·瓦法、奥马尔·海亚姆、阿尔·卡克希等的数学著作。这些都为沙勒研究东方数学创造了良好的条件。

沙勒对东方数学是十分崇尚的。当他发现印度数学家婆罗门笈多的二次不定方程解法与欧拉方法一致的时候，他表现出如此的惊奇：

> 科学史上最惊人和最重要的事实之一无疑是婆罗门笈多代数著作中二次不定方程的解法，这是古代东方文明的纪念碑！

沙勒对印度天文学也有研究。在阿拉伯科学史方面，沙勒对艾布·瓦法的天文学工作进行了研究。先是塞迪约在艾布·瓦法的天文著作里发现关于月亮三次均差的描述，铭文学院著名东方学家蒙克则予以否定，认为塞迪约所说的"三次均差"不过是艾布·瓦法对托勒密的两个一次均差的校正而已；著名天文学家毕奥也支持了这种观点。沙勒则通过对艾布·瓦法著作的深入研究，多次为塞迪约进行了令人信服的辩护。关于阿拉伯数学，他指出：

当西方长期处于野蛮和无知状态之中时，阿拉伯人却带着热情和智慧继承了希腊科学之残迹与东方的知识，12世纪时又将其传给了我们。文艺复兴之前，他们的著作一直是一切欧洲著作的典范。

基于沃普克、马尔的译文，沙勒对阿拉伯数学家在级数方面的工作做了考察。

1829年，比利时皇家科学院提出对现代几何中的不同方法（特别是反极方法）进行哲学上的考察的问题。沙勒为此提交了关于对偶性和单应性原理的论文。他指出：对偶性原理和单应性原理一样是以图形变换特别是交比保持不变的变换的一般理论为基础的，反极变换乃是这种保持交比不变的变换。1830年，比利时科学院决定发表沙勒的论文。于是，沙勒对论文进行了全面的扩充，增加了数学家史内容；增加了一系列的数学与历史注释，并给出了新近的有关研究成果，最后成为名著《几何方法的起源和发展历史概述》。

沙勒对代数历史的深入研究得益于他渊博的中世纪数学文献知

识。他将代数分为数值代数（即今天所说的修辞代数和半符号代数）和字母代数（即今天所说的符号代数）。利布里在《意大利数学科学史》中认为，13世纪意大利的斐波纳奇是最早用字母来表示已知或未知量并对这些字母施以代数运算的数学家，因此符号代数始于斐波纳奇而不是16世纪法国数学家韦达。沙勒反驳利布里的观点，指出：尽管斐波纳奇使用过字母来表示本知或已知量，但从未对其施以代数运算，因此他的代数属于数值代数，而符号代数乃是韦达的重要发明。沙勒认为，数值代数已为古代印度人、希腊人所运用，8世纪传到阿拉伯，后又传到欧洲。但是精确的传播时间是什么？18世纪的学者们（如科萨利、蒙蒂克拉等）普遍认为，阿拉伯的数值代数乃是13世纪初由斐波纳奇首次传入欧洲的。利布里也坚持"欧洲代数始于斐波纳奇"说，他在《意大利数学科学史》中断言，斐波纳奇是欧洲代数学的鼻祖，"因为他，基督教世界才有了代数"。沙勒通过对中世纪的数学手稿，特别是12世纪犹太数学家希斯帕伦西斯《算法之书》的深入研究，发现，阿拉伯代数乃是在斐波纳奇之前通过12世纪的翻译者传入欧洲的。沙勒和利布里展开旷日持久的争论，谁都没有接受对方的观点。不过，我们今天都知道，沙勒是正确的。

沙勒详尽地研究了波伊提乌、热尔贝的数学著述以及10—12世纪众多数学手稿中有关算板的记述，再次显示了他的博学。但他得出的结论是：欧洲所用的记数法实际上与古代算板中所用的一样，欧洲人所用的数码字源于波伊提乌的数码（中世纪的著作已经使用了这种数码），欧洲人在10世纪晚期从罗马人那里学到了记数原理以及数码字写法。因此，欧洲人所用的数码字与印度阿拉伯数码没有关系。如果说沙勒关于代数在欧洲起源的观点没有被利布里一人接受的话，那么他关于算术在欧洲起源的上述观点则没有被整个学术界所接受。

沙勒的另一项研究是关于欧几里得的一部失传的数学著作《推论集》（按帕普斯和普罗克拉斯的说法，Porism 指的是介于问题和定理之间的某种命题）。4 世纪希腊数学家帕普斯在其《数学文集》中简略介绍过这部著作的性质和内容（含 171 个定理和 38 个引理，分 29 类），成为后人了解这部著作的唯一线索。蒙蒂克拉在其《数学史》中称它是欧几里得所有数学著作中最高深的一部。自文艺复兴以来，许多数学家，如吉拉尔、费马、哈雷，都曾试图复原这部著作，但未能成功。英国数学家辛松首次成功地解释了 Porism 的含义，并给出 10 个命题。但这些命题只对应于帕普斯所列 29 类中的 7 类，人们从中远未能了解到欧几里得原著的全貌。辛松之后研究该课题的数学家很多，但都未取得实质性进展。基于帕普斯的著作和辛松的工作，沙勒对该课题进行了长期的深入研究。他的引人注目的结论是：欧几里得的 Porism 实际上是现代截线理论和射影几何中的命题，他的许多结果实际上应用了交比（沙勒称之为"非调和比"）的概念。事实上，正是对于欧几里得《推论集》的研究才导致"交比"概念的诞生。这大概是库恩"科学研究最不可能受科学史研究影响"之说的最好的反例了吧。沙勒的研究导致了工程师布雷顿和他之间一场关于优先权的争论。

1867 年，沙勒应约撰写《几何发展报告》。该报告今天已成为西方 1800—1866 年间的几何发展史的珍贵文献。英国数学家和数学史家德摩根在 1854 年 3 月的一封信中这样写道：

> 我应该把沙勒称为极少数关注科学史的数学家之一，并且是唯一在法国出生的这样的数学家。在科学史方面，他是一位真正博学的人——在原始文献方面，他的学问很深。他的《几何方法的起源和发展历史概述》不过是他众多贡献之一——他的所有工作都使古代几何与算术历史昭然若揭。在那些将几何学发展到使代数学瞠乎其后程度的数学家，沙勒是顶尖级的。……无疑，法国人低估了沙勒。事实上，在法国有谁（除了利布里）欣赏他呢？但如果历史和几何学有朝一日在这个国家得到复兴，沙勒将被看作一个学派的创始人。

德摩根说沙勒是当时法国唯一关注科学史的数学家，这有悖于事实；说沙勒在法国无人欣赏，似乎也没有根据。但德摩根对沙勒的评价是正确的。

沙勒和当时的意大利和德国数学史家，如邦孔帕尼、沃普克等有着密切的通信联系。他们的著作或学术通信，如邦孔帕尼于 1854 年出版的斐波纳奇著作以及 1868 年创办的专业数学史刊物《数理科学文献与历史通报》、沃普克有关阿拉伯数学史的著作等，都由沙勒转赠给法国科学院，使法国人及时了解数学史研究的新进展。作为 19 世纪中叶法国最重要的数学史家，沙勒对后学产生了重要的影响：德国数学家 M. 康托尔在巴黎认识了沙勒，沙勒鼓励当时尚未出道的康托尔在《科学院会议纪要》上发表数学史文章。实际上，他还把康托尔写给他的讨论希腊数学史的信发表在《科学院会议纪要》上。在认识沙勒之前已经阅读过沙勒几何论文的邹腾于1863年秋去巴黎向70岁高龄的沙勒学习几何。他为沙勒深刻的洞察力、渊博的学识所深深吸引，沙勒对学生的和善、亲近以及谆谆教诲给邹腾留下十分深刻的印象。在邹腾所认识的所有前辈数学家中，沙勒对他的影响是最大的。邹腾最早从事的研究方向正是枚举几何学，他的工作是在沙勒的研究基础上做出的。邹腾后来从事数学史研究，与沙勒的影响也是密不可分的。美国数学家库利奇正是在沙勒的《几何方法的起源和发展历史概述》的直接影响下才撰写《几何方法史》的。

三、惊世大骗局

沙勒是19世纪一流的数学史家，他酷爱收藏历史上数学家的手稿。事实上，他是创立于1840年、旨在出版科学史文献（手稿、珍本等）的伦敦科学历史学会的外籍会员。这个爱好使他认识了一个叫弗兰·卢卡斯的年轻人。这个卢卡斯何许人也？他是巴黎的一名法律文书，对科学史很感兴趣，也热衷于收藏科学家的手稿。但这个聪明绝顶、记忆力和模仿力惊人的文书先生大概并不甘心一辈子过着平平淡淡的、拿几个法郎年薪、为收藏名人手稿经常弄得自己囊中羞涩的日子。他要利用自己的聪明才智赚一把，跻身上流社会！他开始从巴黎的多家图书馆偷取古旧的纸张，并制造特殊的墨水。他查阅资料,研究历史。于是乎,帕斯卡、波意耳、伽利略、笛卡儿、牛顿等,一个个科学名人的"亲笔手稿"在他的家中"诞生"。从 1854 年开始的十六年间,卢卡斯伪造了近 27000 封历史名人的亲笔手稿。

1861 年,他遇到一个好主顾。这个主顾不是别人,正是巴黎大学大名鼎鼎的数学教授沙勒。卢卡斯对沙勒的爱好早有所闻,也知道这个老教授口袋里有钱。他自称是搜集古文件方面的专家,向教授兜售帕斯卡、牛顿和波意耳之间的"亲笔信",沙勒惊喜地买下了,并希望他能找到更多这样的信件,多多益善。

沙勒迫不及待地展阅科学大师们的"亲笔"信件,感觉自己仿佛在面对面地聆听他们的"声音",他怎能不兴奋?尤其令他心潮澎湃、彻夜难眠的是,帕斯卡在和波意耳的通信中,声称自己在牛顿之前早已提出万有引力的思想!

沙勒如此激动并不是没有原因的。自 16 世纪哥白尼提出日心说,特别是 17 世纪开普勒发现行星绕太阳沿椭圆轨道运行以后,一个难题摆在了哲学家们的面前:到底是什么原因导致行星在各自的轨道上运行呢?法国大哲学家和数学家笛卡儿为此提出了著名的"涡旋说",说的是整个宇宙空间充满着一种流体"以太",其各部分之间相互作用,造成圆周运动。因而以太形成了许许多多大小不等、速度和密度各异的涡旋。在太阳周围有一巨大的涡旋,带动地球和别的行星运行;而每个行星周围也都有各自的涡旋。笛卡儿的《哲学原理》出版后,人们普遍接受了涡旋说,在英国、欧洲大陆甚至美国的大学里都开始讲授这一新鲜理论。但是好景不长,牛顿提出万有引力定律后，万有引力说取代了涡旋说，即使是在法国，18世纪中叶后，涡旋说也逐渐被抛弃，牛顿取得了最后的胜利。现在，帕斯卡的"亲笔信"竟然证明了他先于牛顿发现万有引力定律，原来真正笑到最后的是法国人！

沙勒是个地道的爱国者，他为这惊世大发现而欣欣然、陶陶然。他丝毫没想过需要推算一下那几封信的日期：他所崇拜的帕斯卡去世时牛顿还不到20岁，难道说牛顿刚满11岁时就已经开始和帕斯卡与波意耳通信讨论科学问题了？更不可思议的是，在后来的几年里，沙勒还从卢卡斯那里陆续买到了埃及女王克莱奥帕特拉写给恺撒的信、亚历山大大帝写给亚里士多德的信、玛丽·玛格达伦写给拉扎鲁斯的信、拉扎鲁斯写给圣彼得的信，以及苏格拉底、帕拉图、圣徒杰罗姆、神圣罗马帝国查理曼、航海家亚美利哥·韦斯普奇等人的信，而这些信竟都是用法文写成的！

十六年里伪造27000封信，每天平均需要伪造4—5封。卢卡斯真够辛苦的。他常常上午11点钟离家吃午餐，钱多时就进高级咖啡馆吃，钱少时就找个小餐馆。然后就去帝国图书馆，在那儿忙碌一整天。晚饭以后，他才在夜幕中回到自己的房子里。他和谁都不说话，唯一造访的地方就是沙勒的住处。

1867年7月15日，沙勒在法国科学院会议上出示帕斯卡写给波意耳的一些"亲笔信"及帕斯卡的一些笔记。其中一封写于1652年5月8日，帕斯卡称自己已经过多次不同的观测，认识到了引力定律；另一封写于9月2日（未署明年份），帕斯卡写道："在天体的运动中，作用力与质量成正比，与距离平方成反比。这种作用力足以解释使宇宙充满生机的所有的天体运行。"在一份笔记里,帕斯卡利用引力定律求得太阳、木星、土星和地球的相对质量分别为1、1/1067、1/3021、1/169282。因此,沙勒断言:帕斯卡在牛顿之前已经发现了万有引力定律。

科学院的院士们对帕斯卡手稿的真实性纷纷表示怀疑。沙勒于7月22日又出示了帕斯卡"亲笔写"的49个短注。7月29日,沙勒发表帕斯卡写给波意耳的"亲笔信"1封(日期为1654年1月6日)、帕斯卡写给牛顿的"亲笔信"5封(日期分别为1654年5月20日、1655年5月2日、1657年12月2日、1658年11月22日、1659年1月20日)、牛顿写给帕斯卡的"亲笔信"4封(一封未署日期,另外三封日期分别为1659年2月2日、1661年3月12日和1661年5月8日),以及牛顿和罗奥之间的通信2封。在给波意耳的信中,帕斯卡说他最近收到一封年轻的英国学生的来信,信中附有3篇论文,一篇论微积分,一篇论涡流,一篇论液体的平衡及重力,他从这些论文中发现了这个学生的非凡才能;这个学生叫艾萨克·牛顿;有人告诉他,这个学生才13岁。他希望波意耳能告诉他关于这个学生的一些信息。在1654年5月20日写给牛顿的信中,帕斯卡说给牛顿寄过许多论文,还寄过许多涉及引力定律的问题,为的是考验一下牛顿的才能;在1657年12月2日写给牛顿的信中,帕斯卡说已委托一位去英国的朋友给牛顿捎去一捆专门为他收集、供他学习的笔记,其中有自己关于引力定律的一些思想。这些信件表明:牛顿是从帕斯卡那儿了解到万有引力定律的。

沙勒对帕斯卡手稿的真实性深信不疑,他认为牛顿的母亲安妮·艾斯库写给帕斯卡的感谢信，奥布里、维维亚尼、伽利略写给帕斯卡的信，帕斯卡写给霍布斯、胡克、沃利斯、惠更斯、墨卡托、梅森、笛卡儿、伽桑狄等人的信，以及牛顿后来与罗奥、马里奥特、马勒伯朗士、帕斯卡的姐姐、丰特内勒、卡西尼、詹姆斯二世等之间的通信（均为卢卡斯的"作品"）都"证明"了这一点。

寄到科学院的对帕斯卡手稿的真实性质疑的信函越来越多。8月5日，科学院任命一个由沙勒、杜哈梅、勒韦里耶、法耶等人组成的委员会，专门审查有关信件。苏格兰著名物理学家、写过牛顿传的布儒斯特在《科学院会议纪要》上读到帕斯卡和牛顿的通信后十分惊讶，他仔细检查了保存在牛顿族人、朴次茅斯伯爵家中的牛顿所有的文稿和通信，没有发现牛顿和帕斯卡之间的任何信件！他坚信帕斯卡和牛顿之间从未通过信。朴次茅斯伯爵本人也得出同样的结论。1654年1月时牛顿才满11岁，不可能有微积分、涡流、液体平衡的任何知识；早在牛顿4岁的时候，他母亲就不用安妮·艾斯库这个名字，而改用汉娜·史密斯了。因此他断言沙勒收藏的有关信件都是赝品。应布儒斯特的请求，沙勒寄给他四份有牛顿签名的笔记。布儒斯特将其中的三份分别寄给朴次茅斯伯爵、麦克尔斯菲尔德伯爵（此人藏有包括牛顿在内的17世纪科学人物的亲笔信共49封）和大英博物馆手稿部主任马登。前两人立即发现，沙勒寄来的"牛顿笔记"与牛顿的真迹没有丝毫相似之处；马登在对"牛顿笔记"与大英博物馆所收藏的牛顿亲笔信与签名进行比较之后，断言前者"不论是笔迹还是纸张，都是明显的并且是十分粗劣的赝品"。布儒斯特又证明，詹姆斯二世与牛顿之间不可能有任何通信往来。

长期研究帕斯卡《思想录》手稿的福热尔从笔迹、科学内容、文笔三方面证明所谓的帕斯卡手稿均出自伪造者之手。他要求科学院院长致信帝国图书馆馆长，请他组织高水平的馆员对沙勒发表在《科学院会议纪要》上的有关手稿特别是所谓的帕斯卡手稿进行核查。蓬泰库朗则通过研究得出：帕斯卡有关万有引力发现的信件和笔记明显写于牛顿《自然哲学的数学原理》出版之后。

基于土星卫星公转周期的土星质量计算乃是推断帕斯卡笔记为赝品的最有力的证据之一。因为土星的第一颗卫星（土卫六）是惠更斯于1655年3月发现的，而其公转周期则是惠更斯1659年发表的，帕斯卡记笔记时不可能知道这个数据。于是沙勒又发表伽利略写给帕斯卡的三封"亲笔信"（分别写于1641年1月2日、5月20日、6月7日，地址为佛罗伦萨），"证明"伽利略已经发现土星的两颗卫星，并将自己的天文观测数据以及开普勒的有关著述寄给了帕斯卡。格拉斯哥天文台台长格兰特对此进行了有力的反驳，并指出：早在1637年1月伽利略即已患眼疾，同年年底双目完全失明。因此，如果他发现了土星的卫星，那么时间一定在1637年之前。但伽利略此前的所有著述中丝毫没有关于这一发现的记录。于是沙勒又发表了佛罗伦萨宗教裁判所法官写于1638年2月13日的一份报告，报告中称伽利略其实并没有完全失明。意大利人戈维更是直截了当地指出：伽利略从来不用法文写作；伽利略于1633年以后住在阿切特里而不在佛罗伦萨；伽利略于1637年后双目完全失明，不可能写出亲笔信来。因此，沙勒所藏肯定是赝品。为此，沙勒又发

表 1638—1642 年间不同的人写给伽利略以及其他提到伽利略的信件 50 余封，"证明"伽利略并没有完全失明。争论就这样无休止地进行着。

沙勒根本就不相信，一个人会有这么大的本事，同时伪造出如此众多历史人物的信件。他不断地反驳人们的"伪造说"，并且为了证明自己的观点，又不断地在《科学院会议纪要》上发表自己所收藏的大量有关信件。但是，他始终不肯透露这些藏品的具体出处，为了回答福热尔的质疑，只说它们原来由一望族所保存。审查委员会要求他呈交所有的手稿，他也予以拒绝。他不承认帝国图书馆馆员们的调查结果，也不接受大英博物馆手稿部主任的鉴定意见，认为他们都不是笔迹鉴定专家。

1869 年 4 月，布雷顿在法国学者萨韦里安出版于 1764 年的《近代哲学史》第四卷中发现了与沙勒所发表的 20 份帕斯卡和伽利略手稿完全相同的内容，从而证明后者确属伪造者的抄袭。但沙勒却反过来认为萨韦里安是个抄袭者，为证明这一点，他又发表了萨韦里安和孟德斯鸠等人之间的通信，以及伽利略和帕斯卡之间更多的通信。谁都会感到不合情理：一个法国学者怎么会抄袭帕斯卡的笔记来解释牛顿的世界体系，从而故意将法国人的历史功绩放到英国人名下呢？

越来越多的原始资料相继被发现：帕斯卡的另外 18 份"手稿"出自意大利学者热尔迪出版于 1754 年的《论引力及其不同定律与现象的矛盾》，孟德斯鸠的一封"亲笔信"出自 1789 年版的《历史辞典》"牛顿"条，路易十四和卡西尼对伽利略的"评论"以及维维亚尼的一封"亲笔信"出自1810年版的《历史、评论与文献大辞典》……然而，沙勒同样坚持认为，是有关作者抄袭了前人的手稿。

1869年，卢卡斯因伪造罪被逮捕、审判。沙勒不得不出庭做证，当众承认自己在过去的九年里从卢卡斯那里买了数以万计伪造的历史名人手稿（其中帕斯卡写给牛顿的"亲笔信"共175封，帕斯卡写给伽利略的"亲笔信"共139封），共支付给卢卡斯14万—15万法郎！誉满欧洲的大数学家沙勒这辈子从没有经历过让他如此尴尬、如此窝囊、如此丢人的事。

1870年2月，法庭最后判卢卡斯有期徒刑两年，罚款500法郎，并支付一切费用。人们想必会问：一个聪明的数学家和博学的数学史家怎么会如此天真地轻信那些破绽百出的伪造信？稍稍有点历史知识的人都会怀疑，苏格拉底、柏拉图、克莱奥帕特拉、拉扎鲁斯怎会用法语来写信呢？有人说，卢卡斯找上沙勒的时候，沙勒已经68岁了，他是否已经老糊涂了呢？不，绝对不会。因为在这之后，他仍保持着创造力，不断发表创造性的数学论文，老糊涂怎能做得到？有人甚至怀疑，也许沙勒压根儿没有上当受骗，他和卢卡斯本来就是同谋。但试想，沙勒这样做图什么呢？他的学术地位、名声、经济条件都决定着他没有必要去冒这个险。如果他真的是为了孔方兄与人合伙行骗，他又怎么会傻到把伪造信拿到科学院去发表、寄到外国去鉴定、让专家们仔细研究的地步？

沙勒无疑是个诚实、单纯、不谙世故、固执己见的数学家，我们有理由相信他的的确确是一场惊世大骗局的牺牲品。他的热心于慈善事业折射出他的善良，同时他相信世人和他一样诚实善良，他在买卢卡斯的赝品时，根本不曾留一个心眼；他强烈的爱国之心、他对科学史的特殊爱好蒙蔽了他的双眼。还有，众多的收藏品他也许根本就没有仔细检查过！

需要指出的是，这场悲剧并没有影响沙勒作为19世纪一流几何学家和数学史家的重要历史地位。

(作者：汪晓勤)

参考资料

爱米·诺特 抽象代数学的兴起人

[1] E. Noether. Collective Works [C]. New York：Springer,1982.

[2] A. Dick. Emmy Noether [M]. Boston：Birkhauser,1970.

[3] Van der Waerden. Die Algebra seit Galois [J]. Jahres. DMV,1966,68 (4)：155–165.

[4] Van der Waerden. On the Sources of My Book Modern Algebra [J]. Historia Mathematica,1975,2 (1)：31–41.

亚历山大·格罗滕迪克 虚空中的孤独旅者

[1] 胡作玄,邓明立. 挪威的民族英雄:阿贝尔[J]. 自然辩证法通讯,2012,34 (1)：107.

[2] A. Grothendieck. Récoltes et Semailles：Réflexions et Témoignages sur un Passé de Mathématician [M]. Montpellier：Université des Sciences et Techniques du Languedoc,1986：5.

[3] P. Pragacz. Notes on the Life and Work of Alexander Grothendieck [J]. Wiadomosci Matematyczne（Ann. Soc. Math. Pol.）,2004,40 (1)：15.

[4] D. Mumford. Alexander Grothendieck [J]. Nature,2015,517 (1)：272.

[5] A. Jackson. Comme Appelé du Néant-As if Summoned from the Void：The Life of Alexandre Grothendieck [J]. Notices of The AMS,2004,51 (4)：1052.

[6] 刘克峰,季理真. 丘成桐的数学人生[M]. 杭州：浙江大学出版社,2006：62.

[7] V. Poénaru. Memories of Shourik [J]. Notices of The AMS,2008,55 (8)：964.

[8] 李醒民. 科学与政治刍议[J]. 学术界,2013 (12):127.

[9] 皮尔逊. 科学的规范[M]. 李醒民,译. 北京:华夏出版社,1999:54.

[10] L. Schneps. The Grothendieck-Serre Correspondence [M]. Paris:the Société Mathématique de France,2001:32.

邹腾　19世纪数学史家、丹麦数学的先驱者

[1] K. Ramskov. The Danish Mathematical Society through 125 years [J]. Historia Mathematica,2000,27:223–242.

[2] S. L. Kleiman. Hieronymus Georg Zeuthen (1839–1920)[C]. Contemporary Mathematics,1991,123:1–13.

[3] 汪晓勤. 沙勒:博学的数学家和天真的收藏家[J]. 自然辩证法通讯,2005,27:99–106.

[4] H. G. Zeuthen. Détermination des Caractèristiques des Systèmes Élémentaires de Cubiques [J]. Comptes Rendus des Séances de L'Académie des Sciences,1872,74:521–526,604–607,726–730.

[5] J. Fauvel & J. Gray. The History of Mathematics:A Reader [M]. Hampshire:Macmillan Education,1987.

[6] H. G. Zeuthen. Hvorledes mathematiken i tiden fra Platon til Euklid blev rationel videnskab [M]. København:A. F. Høst & søn,1917.

塞缪尔·艾伦伯格　从华沙走向世界的数学家

[1] 刘祖熙. 波兰通史[M]. 北京:商务印书馆,2006:423.

[2] S. Nadis & Shing-Tung Yau. A History in Sum:150 Years of Mathematics at Harvard (1825–1975)[M]. Cambridge & London:Harvard University Press,2013:110.

[3] S. Eilenberg & S. Mac Lane. Eilenberg-Mac Lane:Collected Works [M]. Orlando:Academic Press,Inc.,1986:1–841.

[4] 莫里斯·马夏尔. 布尔巴基:数学家的秘密社团 [M]. 胡作玄,王献芬,译. 长沙:湖南科学技术出版社,2012:118.

[5] 干丹岩. 代数拓扑和微分拓扑简史 [M]. 长沙:湖南教育出版社,2005:113.

[6] 姜伯驹. 同调论 [M]. 北京:北京大学出版社,2006:70.

[7] C. A. Weibel. History of Homological Algebra [M] // I. M. James Eds. History of Topology. Amsterdam:Elsevier B. V.,1999:797.

[8] H. Cartan & S. Eilenberg. Homological Algebra [M]. Princeton:Princeton University Press,1956:V-378.

[9] S. I. Gelfand & Y. I. Manin. Methods of Homological Algebra [M]. Berlin & Heidelbergo & New York:Springer,1996:v.

雷科德　英国第一个数学教育家

[1] D. E. Smith. New Information Respecting Robert Recorde [J]. American Mathematical Monthly,1921,28:296–300.

[2] L. Knott. Robert Recorde [J]. Nature,1916,98:268.

[3] F. M. Clarke. New light on Robert Recorde [J]. Isis,1926,8 (1):50–70.

[4] D. E. Smith. History of Mathematics [M]. vol. 2. Boston:Ginn & Company,1925.

[5] G. Howson. A History of Mathematical Education in England [M]. Cambridge:Cambridge University Press,1982:87–92.

[6] F. Cajori. Mathematical Signs of Equality [J]. Isis,1923,5 (1):116–125.

[7] F. Cajori. A History of Mathematical Notations [M]. vol. 1. La Salle:The Open Court Publishing Company,1928.

[8] M. Kline. The Ancients Versus the Moderns:A New Battle of the Books [J].

Mathematics Teacher,1958,51（6）:418-427.

[9] 汪晓勤.数学与诗歌:历史寻踪[J].自然辩证法通讯,2006,28（3）:10-17.

胡列维茨　20世纪拓扑学的关键人物

[1] 胡作玄.拓扑学100年(1935年以前)[J].科学,1996,48（1）:45-48,64.

[2] R. Pol. Hurewicz's Papers on Descriptive Set Theory[A].K. Kuperberg（Ed）. Collected Works of Witold Hurewicz[C],Providence,Rhode Island:American Mathematical Society,1995:XXIX.

[3] K. Borsuk. Witold Hurewicz-Life and Work[A].C. E. Aull & R. Lowen（Eds）. Handbook of the History of General Topology[C],Volume 1. Dordrecht: Springer Science+Business Media,B. V.,1997:79-84.

[4] W. Hurewicz & H. Wallman. Dimension Theory[M].Princeton:Princeton University Press,1941:3-4.

[5] S. Lefschetz. Witold Hurewicz,In Memoriam[J].Bulletin of the American Mathematical Society,1957,63（2）:77-80.

[6] S. Eilenberg. Witold Hurewicz-personal Reminiscences[A] K. Kuperberg（Ed）. Collected Works of Witold Hurewicz[C],Providence,Rhode Island:American Mathematical Society,1995:XLV-XLVI.

[7] 胡作玄,邓明立.20世纪数学思想[M].济南:山东教育出版社,1999:416-419.

[8] 江泽涵先生纪念文集编委会.数学泰斗世代宗师[M].北京:北京大学出版社,1998:17-18.

[9] 耿云志.胡适遗稿及秘藏书信(25)[M].合肥:黄山书社,1994:189-192.

格里戈里·佩雷尔曼　大象无形的数学奇人

[1] A. Bogomolov & V. Lagovskii.格里戈里·佩雷尔曼[J].袁钧,译.数学译林,

2007,26（1）:42-47.

[2] 玛莎·葛森. 完美的证明:一位天才和世纪数学的突破[M]. 胡秀国,程姚英,译.北京:北京理工大学出版社,2012:46-47.

[3] 汪磊. 远离纷扰,独善其身——谈俄罗斯数学大师格里戈里·佩雷尔曼[J]. 俄语学习,2010（5）:18-20.

[4] F. Dyson. Birds and Frogs [J]. Notices of The AMS,2009,56（2）:212-223.

[5] A. Jackson. Conjectures No More? Consensus Forming on the Proof of the Poincaré and Geometrization Conjectures[J]. Notices of The AMS,2006,53（8）:897-901.

[6] D. Mackenzie. The Poincaré Conjecture — Proved [J]. Science,2006,314（5807）:1848-1849.

[7] A. Vershik. What is Good for Mathematics ? Thoughts on the Clay Millennium Prizes [J]. Notices of The AMS,2007,54（1）:45-47.

[8] 王丹红. 俄罗斯数学家佩雷尔曼"开口"拒绝百万巨奖[N]. 科学时报,2010-07-05（A3）.

[9] 黄永明. 数学鬼才佩雷尔曼[N]. 南方周末,2010-06-17（D24）.

沙勒　博学的数学家和天真的收藏家

[1] V. Thebault. French Geometers of the 19th Century [J]. Mathematics Magazine,1958,32（2）:79-82.

[2] M. Chasles. Discours d' Introduction au cours de Géométrie Supérieure Fondé à la Faculté des Sciences de l' Académie de Paris [J]. Journal de Mathematiques Pures et Appliquées,1847,12:1-40.

人名对照表

（按外文姓氏的首字母排序）

A

阿贝尔——Niels Henrik Abel

亚历山大——James Alexander

亚历山德罗夫——P. S. Alexandrov

亚历山大洛夫——П. С. Александров

安徒生——H. C. Andersen

阿廷——Emil Artin

阿斯克姆——R. Ascham

奥布里——Aubry

阿文蒂努斯——J. Aventinus

B

培根——F. Bacon

贝尔——R. L. Baire

鲍尔——J. M. Ball

巴拿赫——Stefan Banach

巴罗——I. Barrow

贝克——Jonathan Beck

伯斯——Lipman Bers

贝特朗——J. Bertrand

比贝尔巴赫——L. Bieberbach

毕奥——J. B. Biot

伯克霍夫——G. D. Birkhoff

勃拉希克——W. Blaschke

波伊提乌——A. M. S. Boethius

哈那德·玻尔——H. Bohr

波杰森——Bojesen

邦孔帕尼——B. Boncompagni

博叙——C. Bossut

博雷尔——A. Borel

玻恩——M. Born

博苏克——Karol Borsuk

博特——Raoul Bott

波意耳——R. Boyle

婆罗门笈多——Brahmagupta

布劳尔——R. Brauer

布雷顿——Breton

布儒斯特——D. Brewster

布里格斯——H. Briggs

布劳威尔——L. E. J. Brouwer

布克斯鲍姆——David Buchsbaum

布兰——William Bullein

布谢尔——W. D. Bushell

布丢——J. Buteo

C

卡约里——F. Cajori
G. 康托尔——G. Cantor
M. 康托尔——M. Cantor
卡拉缪尔——J. Caramuel
嘉当——Henri Cartan
卡蒂埃——Pierre Cartier
卡西尼——G. Cassini
卡瓦列里——B. Cavalieri
凯莱——A. Cayley
钱德拉——Harish-Chandra
钱德拉塞卡——S. Chandrasekhar
沙勒——M. Chasles
沙特莱——A. Châtelet
齐格——J. Cheeger
谢瓦莱——Claude Chevalley
克莱——L. Clay
科尔布鲁克——H. T. Colebrooke
库利奇——J. L. Coolidge
哥白尼——N. Copernicus
科萨利——P. Cossali
库朗——R. Courant

D

达布——G. Darboux
戴德金——R. Dedekind
迪伊——John Dee
德利涅——P. Deligne
笛卡儿——R. Descartes
丢多涅——Jean Dieudonné
唐纳森——S. Donaldson
杜贡济——J. Dugundji
杜哈梅——J. M. Duhamel
迪洛朗——F. Dulaurens
戴尔——Eldon Dyer
戴森——F. Dyson

E

埃雷斯曼——Charles Ehresmann
艾伦伯格——S. Eilenberg
爱因斯坦——A. Einstein
埃尔戈特——Calvi Elgot
伊拉斯谟——D. Erasmus
埃舍里希——G. von Escherich
欧拉——Leonhard Euler

F

法德尔——E. Fadell
法尔廷斯——G. Faltings
法耶——Faye
菲尔德——John Field
费马——Pierre de Fermat

斐波纳奇——L. Fibonacci
费歇尔——Ernst Fischer
丰特内勒——B. de Fontenelle
弗兰克——J. Franck
弗里德曼——M. Freedman
弗罗伊登塔尔——H. Freudenthal
弗雷德——Peter Freyd
弗里德里希斯——K. O. Friedrichs
弗罗比歇——Martin Frobisher
富特文勒——P. Furtwängler

G
伽利略——G. Galilei
伽罗瓦——Evariste Galois
伽桑狄——P. Gassendi
高斯——Carl Friedrich Gauss
盖根堡——L. Gegenbauer
盖尔芬德——Israel Gelfand
热尔贝——Gerbert
热尔迪——P. Gerdil
热尔岗——J. D. Gergonne
格廷——I. A. Getting
吉拉尔——A. Girard
哥德尔——Kurt Godel
戈德门特——Roger Godement
戈尔丹——Gordan
戈维——Gilbert Govi

格雷厄姆——F. Graham
格兰特——R. Grant
格雷——John Gray
格罗莫夫——M. Gromov
格罗滕迪克——A. Grothendieck
贡德尔芬格——Joachim Gundelfinger

H
阿达马——J. Hadamard
哈恩——H. Hahn
哈雷——E. Halley
哈利韦尔——J. O. Halliwell
哈密顿——William R. Hamilton
汉密尔顿——R. Hamilton
汉森——A. Hansen
哈代——Godfrey Harold Hardy
哈里奥特——T. Harriot
哈罗德——Orville Goodwin Harrold, Jr.
哈特曼——J. Hartmann
哈塞——H. Hasse
希思——T. L. Heath
赫克——E. Hecke
希加德——P. Heegaard
海伯格——J. L. Heiberg
赫勒——Alex Heller
亨德森——A. Henderson
亨采特——Hentzelt

艾里冈——P. Hérigone
赫伯特——William Herbert
埃尔布朗——Herbrand
希尔伯特——David Hilbert
广中平祐——Heisuke Hironaka
赫斯特——T. A. Hirst
希策布鲁赫——F. Hirzebruch
希斯帕伦西斯——Jean Hispalensis
霍布斯——T. Hobbes
霍克希尔德——Gerhard Hochschild
胡克——R. Hooke
霍普夫——Heinz Hopf
亨特——Joseph Hunter
胡列维茨——Witold Hurewicz
惠更斯——C. Huygens
希尔——T. Hylles

卡普兰斯基——Kaplanskiy
阿尔·卡克希——Al-Karkhi
凯利——Gregory Maxwell Kelly
肯普——W. Kempe
开普勒——J. Kepler
花拉子米——Al-Khwarizmi
海亚姆——Omar Khayyam
菲利克斯·克莱因——F. Klein
M. 克莱因——M. Kline
克纳斯特——Bronisław Knaster
小平邦彦——K. Kodaira
科尔钦——Ellis Kolchin
柯尔莫哥洛夫——A. N. Kolmogorov
克鲁尔——W. Krull
库默尔——Kummer
仓西正武——Masatake Kuranishi
库拉托夫斯基——Kazimierz Kuratowski
库洛什——A. Г. Курош

J
雅各布森——N. Jacobson
詹姆斯——I. M. James
末纲恕一——Suetsuna Joichi
尤尔——Christian S. Juel

L
拉克鲁瓦——S. F. Lacroix
拉朗德——J. Lalande
兰道——E. Landau
朗——Serge Lang
拉斯克——E. Lasker
劳威尔——F. William Lawvere
拉扎鲁斯——Lazarus

K
卡克——M. Kac
卡恩——Daniel Kan

勒贝格——H. Lebesgue
莱夫谢茨——Solomon Lefschetz
勒让德——A. M. Legendre
莱布尼茨——G. W. Leibnitz
勒雷——Jean Leray
勒韦里耶——Le Verrier
利布里——G. Libri
李——S. Lie
林顿——Fred Linton
刘维尔——J. Liouville
洛尔希——Edgar Lorch
卢卡斯——D. Vrain-Lucas

M

麦考利——F. S. Macaulay
麦克尔斯菲尔德——Macclesfield
麦克莱恩——S. Maclane
马登——Frédéric Madden
玛格达伦——Mary Magdalen
马勒伯朗士——N. Malebranche
马宁——Yuri Manin
马卡姆——John Markham
马里奥特——E. Mariotte
马尔——Marre
正田建次郎——F. Masuda
麦克斯韦——John Clerk Maxwell
梅——J. Peter May

马祖尔凯维奇——Stefan Mazurkiewicz
麦克利里——John McCleary
门格尔——K. Menger
墨卡托——N. Mercator
梅森——M. Mersenne
默滕斯——F. Mertens
米勒——Edwin Wilkinson Miller
闵可夫斯基——Hermann Minkowski
米切尔——Barry Mitchell
穆瓦尼奥——F. Moigno
蒙哥马利——Deane Montgomery
蒙蒂克拉——J. E. Montucla
穆尔——John Coleman Moore
莫尔——T. More
德摩根——A. De Morgan
森田纪一——K. Morita
莫尔斯——M. Morse
芒福德——D. B. Mumford
穆克——S. Munk

N

内皮尔——J. Napier
冯·诺伊曼——John von Neumann
纽曼——M. Newman
牛顿——I. Newton
尼科尔斯——N. B. Nichols
爱米·诺特——Emmy Noether

麦克斯·诺特——Max Noether

诺伍德——R. Norwood

O

奥斯特——H. C. Oersted

奥尼尔——B. O'Neill

奥斯登夫德——A. S. Ostenfeld

奥特雷德——W. Oughtred

P

帕乔利——L. Pacioli

帕普斯——Pappus

帕斯卡——B. Pascal

皮尔斯——Benjamin Peirce

佩雷尔曼——G. Pérelman

彼得森——P. C. J. Petersen

菲利普斯——R. S. Phillips

皮卡尔——É. Picard

毕苏茨基——Józef Piłsudski

皮彻——E. Pitcher

柏拉图——Plato

普吕克——J. Plücker

波埃纳鲁——V. Poénaru

庞加莱——Henri Poincaré

普瓦索——L. Poinsot

泊松——S. D. Poisson

波拉德——A. W. Pollard

蓬泰库朗——De Pontécoulant

庞特里亚金
——L. Pontryagin（俄文：Л. С. Понтрягин）

R

拉马努扬——S. A. Ramanujan

拉米斯——P. Ramus

赖德迈斯特——K. Reidemeister

赖厄——S. Reyher

黎曼——G. F. B. Riemann

罗奥——J. Rohault

罗森——F. A. Rosen

拉塞尔——John Russel

罗素——B. Russell

S

萨尔蒙——G. Salmon

扎梅尔松——Hans Samelson

萨韦里安——Saverien

绍德尔——Juliusz Schauder

朔伊贝尔——J. Scheubel

石里克——M. Schlick

施迈德勒——W. Schmeidler

施密德——Wilfried Schmid

施密特——O. Ю. ШМІДТ
舒伯特——H. Schubert
史瓦兹——L. Schwartz
司各特——Walter Scott
塞奇威克——W. F. Sedgwick
塞迪约——L. P. E. A. Sedillot
塞弗特——H. Seifert
塞尔——J. P. Serre
夏皮罗——A. Shapiro
希尔兹——A. L. Shields
谢尔宾斯基——Wacław Sierpiński
辛松——R. Simson
斯梅尔——S. Smale
史密斯——D. E. Smith
史密斯——Paul Smith
萨默塞特
　　——Edward Seymour Somerset
舒拉——M. Soula
斯滕——A. Steen
斯廷罗德——Norman Steenrod
斯泰纳——J. Steiner
斯泰因豪斯——Hugo Steinhaus
施泰尼茨——Steinitz
斯托克勒——F. Gareao-Stockler

T
塔凯——A. Tacquet

塔内里——P. Tannery
泰尔康——O. Terpuem
阿克曼·托伊布纳
　　——A. Ackermann Teubner
特奥多鲁斯——Theodorus
蒂勒——T. N. Thiele
思雷福尔——W. Threlfall
瑟斯顿——W. Thurston
蒂尔尼——Myles Tierney
汤斯托尔——C. Tonstall
托里拆利——E. Torricelli
蒂克森——Camillo Tychsen

U
乌拉姆——Stanisław Ulam
昂德希尔——Edward Underhill
温古鲁——Sabetai Unguru
乌雷松——P. Urysohn

V
维布伦——Oswald Veblen
韦斯普奇——Amerigo Vespucci
韦达——F. Viète
维托里斯——L. Vietoris
圣文森特——St. Vincent
达·芬奇——Leonardo da Vinci

维维亚尼——Vincenzo Viviani

W
范德瓦尔登——Van der Waerden
沃利斯——J. Wallis
沃尔曼——Henry Wallman
韦弗——W. Weaver
韦伊——A. Weil
外尔——Hermann Weyl
理查德·沃雷——Richard Whalley
惠勒——Anna Johnson Pell Wheeler
怀特海德——John Henry Constantine Whitehead
惠特尼——Hassler Whitney
维纳——N. Wiener

怀尔德——Raymond Wilder
怀尔斯——A. Wiles
维廷格——Wilhelm Wirtinger
沃普克——Franz Woepcke
艾布·瓦法——Abul Wefa

X
克塞兰德——G. Xylander

Z
扎里斯基——O. Zariski
邹腾——H. G. Zeuthen
齐尔伯——Joseph Abraham Zilber